中国大学网络教育
新生读本

普通高校版 **(2009)**

教育部高等教育司 编

编写组：

刘 英	丁 新	李德芳	严继昌
侯建军	陈 庚	徐乃庄	李林曙
李 平	杨华杰	曾海军	

中央广播电视大学出版社

Central Radio & TV University Press

图书在版编目（CIP）数据

中国大学网络教育新生读本 / 教育部高等教育司编．北京：中央广播电视大学出版社，2009.1

ISBN 978-7-304-03420-7

Ⅰ.中… Ⅱ.教… Ⅲ.成人教育：高等教育：远距离教育—中国 Ⅳ.G729.2

中国版本图书馆 CIP 数据核字（2009）第 008733 号

中国大学网络教育新生读本

教育部高等教育司 编

出版·发行：中央广播电视大学出版社

电话：010-58840253

地址：北京市海淀区西四环中路 45 号

邮编：100039

版本：2009 年 5 月第 1 版

印次：2009 年 5 月第 1 次印刷

开本：787 × 1092　1/16

书号：ISBN 978-7-304-03420-7

定价：10.00 元

（如有缺页或倒装，本社负责退换）

编者的话

在我们今天所处的信息时代或知识经济时代，以计算机网络和多媒体为代表的现代信息技术的飞速发展及其在人类社会中的普遍应用，不仅极大地推动了经济建设和社会发展，而且引发了人们思想观念和价值观的巨大变化。诸多变化中，最明显的一点就是人们接受教育，特别是接受高等教育的观念和价值观以及需求发生了重大变化。

首先，人们普遍要求接受高等教育和继续教育已成为当今社会发展的潮流。信息技术、经济建设和社会发展，给人们提供了更多的学习机会，特别是接受高等教育的机会。人们普遍要求接受高等教育，以提高自身适应社会经济和科技文化发展的能力和素质，即使是大学已经毕业的人们也普遍追求更高层次的教育，希望实现终身化继续教育。

其次，人们在接受高等教育和继续教育的时候，普遍希望不影响自己工作和生活的质量，在不打乱工作和生活节奏的前提下，由自己控制接受高等教育和继续教育的进度，希望实现自主化学习。

第三，人们在接受教育的时候，又普遍希望在学到相应专业知识、技能的同时，能提高信息素养，学会驾驭信息技术的能力，提高在信息社会中的竞争能力，希望实现个性化学习。

第四，人们普遍追求教育的高质量及其社会认可度。人们在选择教育形式时，要考虑付出的学费和学习精力、时间所带来的回报，不仅要求有一份记录自己学习经历的文凭，更要求切实提高自身的素质和能力，希望得到优质的教育资源和支持服务。

网络教育正是因为能满足这些变化了的需求，近年来得到了快速发展，逐步被社会认可，并成为发展继续教育和构建终身教育体系的主要形式。我国政府高度重视发展现代远程教育，1999年在《面向21世纪教育振兴行动计划》提出"实施现代远程教育工程，形成开放式教育网络，构建终身学习体系"；《2003—2007年教育振兴行动计划》提出"大力发展现代远程教育，探索开放式的继续教育新模式"；《中共中央关于制定国民经济和社会发展第十一个五年规划的建议》提出"发展现代远程教育，促进各级各类教育协调发展，建设学习型社会"；中国共产党第十七次全国代表大会提出"发展远程教育和继续教育，建设全民学习、终身学习的学习型社会"。教育部从1999年开始共批准68所普通高校和中央广播电视大学开展现代远程教育试点。截止2008年底，网络高等学历教育累计注册学生800多万人，在读学生350多万人，年招生规模100万人左右；共计开设高起专、高起本、专升本三个层次1600多个专业；建设网络教育课程资源2万多门；普通高校、中央电大及公共服务体系共设立校外学习中心（点）9000多个，初步形成了有中国特色的高校网络教育办学及学习支持服务体系。网络教育有力地促进了高等教育的改革和发展，已经成为我国高等教育和终身教育体系的重要组成部分。

近年来，试点高校应用现代教育理论和教育技术，整合优质网络教学资源，加强学习支持服务，对基于互联网的现代远程教育办学模式、教学模式、技术模式、服务模式、管理模式和运行机制进行了有益的探索和实践，形成了在线与离线、固定与移动、异步与同步、分散与集中相结合的混合教学模式，为每一个想实现自主接受高等教育和终身教育愿望的人敞开了大门。当学习者选择和准

备选择网络教育时，可能会关心以下几个问题:

一、国家对网络学习，特别是远程高等学历教育制定了什么样的方针政策、法规和管理办法，在招生、电子注册、学习、毕业、学位等方面有哪些具体的规定？

二、经教育部批准，都有哪些高等学校可以开展远程高等学历教育？

三、网络学习的教、学、教学管理和学习服务有什么特点，如何适应和利用这些特点更好地学习？

四、如何通过网络学习，既学到相关专业知识和技能，又能有效提高自己的网络技术和信息处理能力？

五、网络高等学历教育部分基础课程如何实行全国统一考试？

正是为解答广大学习者在进行网络学习时最关心的问题，帮助人们正确认识网络学习这种新的学习形式，加强对网络教育的政策性宣传和社会公众信息服务，教育部高等教育司组织专家编写了《中国大学网络教育新生读本》。本手册分为六篇内容: 第一篇为常识篇，介绍远程教育和网络教育的基本概念，国家开展现代远程教育的相关政策和基本情况；第二篇为入学篇，介绍网络高等学历教育招生录取的条件和政策，介绍为参加网络学习的学生提供学习支持服务的学习中心和公共服务体系；第三篇为教学篇，介绍网络学习新的要求，教学、教学资源、教学交互、教学管理和学习支持服务；第四篇为统考篇，介绍统考的意义、组织、方式、科目和统考成绩的使用等；第五篇为政策篇，介绍有关网络教育政策文件；第六篇为网院篇，介绍试点普通高校网络教育的简介。

"书山有路勤为径，学海无涯苦作舟"，在人们进入信息时代之前，学习只能在学习态度和刻苦程度上做文章，学习成果的取得以时间的积累、利用和精力的付出为代价，"苦"和"勤"两个字为我们刻画了那个时代学习的要点和精髓。在网络时代，这句古话可以改为"书山有路网络为径，学海无涯媒体作舟"。很显然，在网络时代更强调信息素养和信息处理能力，强调借助信息技术工具使人们的能力得到成倍的增强和增长。在信息时代的学习，"苦"和"勤"要与信息技术在教育中的合理应用相结合，提倡借助信息技术的力量，把艰苦的、枯燥的和以消耗时间和精力为代价的学习变成一种乐在其中的有趣、快乐、高效的学习。

让我们从读这本《新生读本》开始网络学习新体验，体验在信息海洋里以"媒体作舟"、"网络为径"的学习快乐、有趣和高效。让我们在网络学习过程中加强教学信息的交互，在师生共同的努力下完成网络学习的任务，同时养成网络学习的兴趣、习惯和能力。祝所有参加网络学习的同学学习成功。

本手册由教育部高等教育司组织专家编写，参加撰稿的有刘英、丁新、李德芳、严继昌、侯建军、陈庚、徐乃庄、李林曙、李平、杨华杰、曾海军等。《中国远程教育》杂志社具体承担了手册的编撰过程，特别是历次研讨会、审稿会的组织工作。由于编者水平有限，不足之处在所难免，敬请读者批评指正。

《中国大学网络教育新生读本》编写组

目 录

第一篇 常识篇

1. 什么是现代远程教育？现代远程教育是不是又称为网络教育？

现代远程教育是运用计算机网络和多媒体技术、卫星和电子通信技术等现代信息技术进行系统教学和通信交互的一种新型教育形式，是一种可以将处于分离状态的教师与学生在空间或时间上有效连接进行的灵活教育形式。国务院1999年1月13日批转的《面向21世纪教育振兴行动计划》，明确提出"实施'现代远程教育工程'，形成开放式教育网络，构建终身学习体系"的任务。教育部在批准高等学校开展现代远程教育试点的有关文件中将现代远程教育也称之为网络教育。

2. 网络教育有什么特色和优势？

相对其他教育形式，网络教育主要有以下特色和优势：

（1）网络教育具有跨越教学时空、突破时空限制的特点，可供学习者根据自身条件和需要选择学习内容、方式和进程，有利于解决工学矛盾，特别适合在职从业人员的业余学习。

（2）网络教育具有丰富的教学交互手段和很强的教学交互功能，可以为学生与教师之间、学生与学生之间进行教学互动和协作学习提供网络学习交互环境和平台，学生通过教学交互获得需要的教学资源、学习指导和支持服务。

（3）网络教育具有多种媒体学习资源和资源共享途径，能够通过计算机、卫星、电信网络等多种教学信息传输形式，向学习者提供电子化、数字化等多种形式的优质学习资源，并可通过网络共享国内外其他大学的优质资源，实施多种媒体技术相结合、远程与面授、独立学习与协作学习相结合的混合学习模式。

国家高度重视和支持这种具有明显优势的教育形式，网络教育已成为人们接受继续教育和终身学习的重要形式，成为构建终身教育体系和学习型社会的基础和平台。

3. 目前有哪些高等学校可以开展网络教育？

为落实《面向21世纪教育振兴行动计划》（国发［1999］4号），推动现代远程教育工程的进展，积极发展高等教育，教育部支持若干所高等学校建设网络教育学院，开展现代远程教育试点工作。从1999年至今，教育部先后批准若干所高等学校开展现代远程教育试点工作，目前试点高校有69

所，名单如下（按高等学校代码排序）:

所在省、自治区、直辖市	高等学校数	高等学校名称
北京市	19	北京大学、中国人民大学、清华大学、北京交通大学、北京航空航天大学、北京理工大学、北京科技大学、北京邮电大学、中国农业大学、北京中医药大学、北京师范大学、北京外国语大学、北京语言大学、中国传媒大学、对外经济贸易大学、中央音乐学院、中国石油大学（北京）、中国地质大学（北京）、中央广播电视大学
天津市	2	南开大学、天津大学
辽宁省	4	大连理工大学、东北大学、中国医科大学、东北财经大学
吉林省	2	吉林大学、东北师范大学
黑龙江省	2	哈尔滨工业大学、东北农业大学
上海市	7	复旦大学、同济大学、上海交通大学（含医学院）、华东理工大学、东华大学、华东师范大学、上海外国语大学
江苏省	3	南京大学、东南大学、江南大学
浙江省	1	浙江大学
安徽省	1	中国科学技术大学
福建省	2	厦门大学、福建师范大学
山东省	2	山东大学、中国石油大学（华东）
河南省	1	郑州大学
湖北省	5	武汉大学、华中科技大学、中国地质大学（武汉）、武汉理工大学、华中师范大学
湖南省	2	湖南大学、中南大学
广东省	3	中山大学、华南理工大学、华南师范大学
四川省	6	四川大学、西南交通大学、电子科技大学、西南科技大学、四川农业大学、西南财经大学
重庆市	2	重庆大学、西南大学
陕西省	4	西安交通大学、西北工业大学、西安电子科技大学、陕西师范大学
甘肃省	1	兰州大学

注1: 2009年可以开展网络高等学历教育招生的现代远程教育试点高校名单可通过教育部门户网站（www.moe.edu.cn）和"中国远程与继续教育网"（www.cdce.cn）进行查询和确认。

注2: 中央广播电视大学以"中央广播电视大学人才培养模式改革和开放教育试点"项目的形式开展现代远程教育试点。

4. 网络教育学历证书包括哪些内容，如何进行电子注册？

网络教育属国民教育系列，国家承认网络教育的毕业证书和学位证书，并可以进行电子注册。根据《教育部关于当前加强高等学校学历证书规范管理的通知》（教学 [2002] 15号），高等学校以网络教育形式举办的高等学历教育颁发的毕（结）业证书应具有以下内容：

（1）姓名、性别、出生日期、学习起止年月；

（2）专业、层次、毕（结）业；

（3）学习形式（网络教育）；

（4）本人近期免冠正面照片并骑缝加盖学校钢印；

（5）学校名称及印章，校（院）长签名；

（6）发证日期及证书编号（第6位办学类型代码为"7"）。

毕业证书电子注册按照《高等教育学历证书电子注册管理暂行规定》有关要求进行。《〈高等教育学历证书电子注册管理暂行规定〉实施细则》规定了经教育部批准实施网络教育试点的高等学校对所招收的网络教育学生，颁发的学历证书进行申报注册的方式。

学历证书查询请通过"中国高等教育学生信息网"（www.chsi.com.cn）进行。

5. 网络教育本科毕业生是否可申请学位？有关规定有哪些？

网络教育本科毕业生达到国家规定的学士学位标准，符合学位授予条件，可以向学位授予单位申请授予学士学位。

根据《教育部办公厅关于进一步加强现代远程教育试点高校网络高等学历教育学历证书和学位证书规范管理的通知》（教高厅［2007］1号）规定，2007年7月1日以后录取的网络高等学历教育本科学生，毕业时授予学士学位的标准应与授予成人高等教育本科毕业生学士学位的标准完全一致，授予成人高等教育学士学位并相应颁发成人高等教育学士学位证书；2007年7月1日以前录取的网络高等学历教育本科学生，毕业时学士学位授予由试点高校按照原有的政策执行。

6. 网络高等学历教育毕业生是否可报考研究生和公务员？

根据《2009年全国招收攻读硕士学位研究生简章》规定"具有国家承认的大学本科毕业学历的人员"可以报名参加国家组织的全国统一招生考试，网络教育毕业生取得毕业证后，可以报考研究生。

《中央机关及其直属机构2009年度考试录用公务员报考指南》规定，网络教育毕业生取得毕业证后，符合职位要求和资格条件的，可以报考公务员。

第二篇 入学篇

7. 网络学历教育如何进行招生录取？有什么具体规定？

根据教育部《关于支持若干所高等学校建设网络教育学院 开展现代远程教育试点工作的几点意见》（教高厅 [2000] 10 号）规定，试点高校网络教育学院可以通过国家统一的考试来录取学生，也可自行组织考试录取学生，招生形式和入学标准由试点学校自行规定。

对于报考者的年龄、职业、专业原则上没有限制；有些高校对部分专科升本科专业要求专科毕业生为相同或相近专业，如语言、艺术类专业。

各试点高校网络教育的免试入学条件可咨询试点高校网络教育学院招生部门。

8. 试点高校招收全日制的网络学历教育学生吗？

根据《教育部关于做好 2009 年现代远程教育试点高校网络高等学历教育招生工作的通知》（教高 [2009] 6 号），网络高等学历教育是主要面向成人从业人员的非全日制教育，各试点高校不得以网络教育名义招收或变相招收各层次、各类型的全日制形式学习的高等学历教育学生，不得组织招收各级各类全日制脱产学习的在校学生（含全日制脱产学习的自考学生）同时兼读或套读网络高等学历教育。学生入学后不转户口和人事档案，毕业时不发放就业报到证。

9. 参加网络学历教育的学生需要具备什么样的学历条件和入学资格？

高中起点本、专科须具备普通高中、职业高中、中等专业学校、职业技术学校等中等国民教育系列毕业证书或有同等学力；专科起点本科须具备国民教育系列高等专科或以上毕业证书。

10. 高等、中等院校的在校学生是否可以参加网络教育学习？

根据教高 [2009] 6 号文件精神，严格禁止非高级中等教育毕业或者不具有同等教育学历者取得专科生或者本科生入学资格；严格禁止未取得高等专科毕业证书者取得专升本学生的入学资格。因此，在校的大专、中专学生不可以参加高一层次的网络学历教育。

11. 网络教育的收费依据是什么？收费项目有哪些？

根据教育部教高〔2000〕12号和教高厅〔2000〕10号文件规定，对网络教育学院的学生，可按教育成本收费，其收费标准和办法由学校按国家有关规定报学校所在地收费管理部门批准后执行。

试点高校的收费项目主要包括：报名及入学考试费、学费、教材费等。学费一般按学分收取，不同的试点高校、不同的专业、不同的招生所在地，收费标准不尽相同。此外，根据教育部、财政部、国家发改委的文件，参加教育部实施的部分公共基础课全国统一考试的学生须交纳统考报名考试费。

12. 网络学历教育是否允许个人或中介机构招生？考生是否要交委托招生费？

根据教高〔2008〕6号文件精神，试点高校只能在审批通过的校外学习中心（包括我部批准的现代远程教育公共服务体系自设的校外学习中心）开展网络高等学历教育招生活动，其他任何单位和个人均不得组织网络高等学历教育的招生录取工作。各省级教育行政部门要对属地内计划招生的校外学习中心名单进行核查。试点高校不得以任何形式转移招生录取的职责和权利，严禁委托个人或中介机构代理招生。校外学习中心只能在试点高校的统一组织下配合开展招生工作，不允许自行开展招生宣传和录取工作。一经发现并核实有委托个人或中介机构代理招生的，将取消违规单位的招生资格。考生如遇到收取中介费用、委托招生费用等情况，可向有关部门和试点高校举报。

13. 什么是网络教育校外学习中心？校外学习中心有哪些职能？

校外学习中心是配合试点高校开展现代远程教育的学习支持服务机构。根据试点高校统一要求和安排，学习中心协助试点高校进行招生宣传、生源组织、提供学习场地、学生学习支持服务、日常管理等工作。校外学习中心应具备符合学习支持服务要求的专职管理、服务和技术人员队伍，相对独立的学习场所，包括网络、计算机等在内的良好设备、设施，功能完备的远程教育教学软件，并符合国家与地方有关安全、消防、卫生等方面的要求。

校外学习中心不得以学习中心名义从事以独立办学为目的的各类教学活动和发放各类学历证书或培训资格证书，不得从事任何与网络教育学习支持服务无关的经营性活动。校外学习中心不得下设分支机构性质的其它校外学习中心。

校外学习中心有两类，一类是试点学校自建自用或共建共享的校外学习中心，另一类是经教育部批准开展现代远程教育学习支持服务的公共服务体系所设立的校外学习中心。

14. 如何识别校外学习中心是否合法？

试点高校所设立的校外学习中心均需经过校外学习中心所在地的省级教育行政部门审核批准，学习中心有义务出示教育行政部门的批件。考生不要在未经省级教育行政部门批准，或者被有关部门取消资格或暂停招生进行整改的学习中心报名学习。考生可以在当地省级教育行政部门的网站或试点高校的网站上进行查询。

15. 校外学习中心是否可以自行开展招生宣传和录取工作？

校外学习中心协助试点高校进行招生宣传、生源组织，所有的招生简章、招生宣传材料、招生的专业以及招生计划均由试点高校拟定。校外学习中心不得以自己的名义自行开展招生宣传和录取工作。

鉴别校外学习中心是否违规招生，可直接登录试点高校网站查看招生简章，或者直接向试点高校电话咨询。如果发现校外学习中心有违规招生行动，可向试点高校及当地教育行政部门举报。

16. 什么是网络教育公共服务体系？国家是否承认在公共服务体系的学习中心参加学习所取得的学历？

网络教育公共服务体系为试点高校的网络教育提供学习支持服务，由多个学习中心组成，其职能与试点高校直接建立的学习中心相同。公共服务体系协助试点高校进行招生宣传、技术支持、学生管理、考试管理等等，可以同时为多个试点高校服务。在公共服务体系所属的学习中心学习的学生，其注册的学籍是学生所选择的试点高校，毕业证书由该试点高校颁发，经电子注册后国家予以承认。

目前教育部批准的公共服务体系有中央广播电视大学公共服务体系。此外，教育部批准弘成科技发展有限公司和知金教育咨询公司分别与有关试点高校联合开展现代远程教育公共服务体系建设试点项目。

第三篇 教学篇

17. 网络教育对学习者提出了什么新的要求？

对网络教育学习者新的要求如下：

（1）要主动适应网络教育师生"教"与"学"在时间、空间上相对分离的远程教学环境，树立刻苦学习、自觉学习、自主学习的精神和毅力，培养良好的学习意识、习惯、方法和能力，提高信息素养和运用信息技术的能力。

（2）要学会在学校和教师的指导下，根据自身的需要和条件自主安排学习计划和学习进度，充分利用网络学习平台和资源，选择适合自己的学习方式，在方便的时间、地点进行学习。

（3）要学会在教师指导下利用多种媒体学习资源和网络平台进行学习，学会利用网络的交互功能与老师和同学沟通和交流，主动争取老师和同学的帮助，增强网络环境下自主学习和协作学习的意识和能力。

18. 网络教育包括哪些基本学习环节？

网络教育的基本教学环节包括：

（1）制订计划——在教师指导下，学生根据自身的学习基础、工作和经济条件等实际情况制订个人学习计划。

（2）师生互动——在整个学习过程中，学生通过各种通信手段向教师提问，教师进行实时和非实时答疑，师生之间、同学之间进行教学信息交互，学生还可通过网上自动答疑系统获得问题的解答。

（3）学生自学——学生利用多媒体教学课件、教材和网络学习平台进行自学。

（4）协作学习——在教师指导下，学生以小组学习等形式，通过各种网络交互工具和平台，必要时也可集中到学习中心等场所，与教师和同学讨论学习中的问题。

（5）面授辅导——对一些需要面授的课程，由试点高校和学习中心安排必要的面授辅导。

（6）课程作业——教师根据课程教学的需要布置和回收、批阅作业，学生根据要求通过网络或传统方法完成与递交作业；有些试点高校开发了随机作业系统，作业随机抽取、限时完成，提交后由作业系统自动给出评价。

（7）实验实践——学生完成教学计划和教学大纲规定的课程实验、专业教学和社会实践。

（8）课程考试——在平时学习和考核的基础上，学生申请并参加课程考试，取得相应的成绩和学分。课程考试一般采用集中笔试（开卷或闭卷）、课程论文、课程作业等多种方式，课程成绩通常综合考试成绩与平时考核成绩。部分试点高校通过网络组织远程考试。

（9）毕业论文——本科层次学生必须在规定时间内完成毕业论文（设计），教师通过网络教学平台和面授进行指导。

19. 网络教育采取什么样的教学方式？

通过网络等技术媒体，网络教育的教学方式主要有：

（1）通过互联网，利用网络教学平台提供的网页、课件等资源进行非实时（异步）教学。

（2）通过卫星、互联网和视频会议系统等进行双向或单向的实时授课教学。

（3）通过教学光盘上刻录的课件等资源进行非实时教学。

（4）通过集中面授方式进行辅导答疑。

（5）通过手机等移动通信工具进行实时或非实时教学。

绝大多数试点高校在网络教学实施过程中普遍采用两种或两种以上的教学方式，形成在线与离线、固定与移动、异步与同步、分散与集中相结合的混合教学模式。

20. 网络教育有哪些类型的教学资源？

网络教育的教学资源包括电子媒介教学资源和纸介教材两大类。电子媒介教学资源可以通过卫星、电信和计算机网络或者光盘等传输，主要以音频、视频和计算机多媒体、网页等形式呈现。通过互联网教师可以随时补充和更新课程内容和教学资源。在网络教学实践中，师生在网上交互的教学信息资源是师生交流切磋、共同创造的一种在网络教学中行之有效的电子媒介教学资源。

21. 网络教育通常对学生提供哪些学习支持服务？

在学生学习的整个过程中，通过网络等技术媒体和面对面的方式向学生提供的学习支持服务包括：

（1）及时为学生提供教学信息与咨询服务。

（2）适时进行导学、提供学习指导，包括必要的面授辅导。

（3）组织、指导学生开展协作学习等教学活动和教学交互。

（4）提供、补充和更新课程与教学资源。

（5）提供技术支持和帮助。

（6）组织、指导学生进行教学实验、专业实践和社会实践。

（7）对学生的全面发展及时给予评价、忠告和激励。

22. 网络教育有哪些常用的教学交互方式？

网络教育的教学交互可分为实时（同步）和非实时（异步）交互。实时交互能够立刻得到反馈信息，非实时交互则需要经过一段时间才能得到反馈信息。学生在学习过程中，可以与同学、教师，也可以通过课件、教材等学习资源与学习内容进行教学交互。

（1）论坛交互：学生与老师和同学可以围绕共同关注的问题通过网络平台的论坛进行深入、有效的实时和非实时交流与讨论。

（2）在线交互：学生在约定的时间与教师和其他学生同时在线进行实时教学交互。

（3）双向交互：学生在接受卫星、计算机网络、视音频会议系统传输的教师的实时授课时，通过系统或其他途径与教师进行实时交互。

（4）点对点交互：学生可与教师、同学通过电子邮件、手机短信、电话等系统进行点对点的教学交互。

（5）与内容交互：学生通过课件和教材等学习资源与学习内容进行交互。

（6）人机交互：通过自动答疑系统进行人机交互。

随着信息技术的发展，基于智能化交互、虚拟实验、移动教学等的教学交互模式将逐步引入网络教育领域，使网络教育的教学交互更加丰富、有效。

23. 网络教育实行怎样的教学管理制度？网络高等学历教育的学制和修业年限是如何规定的？

目前现代远程教育试点高校网络教育实行学分制的教学管理制度，学历教育的学分有效期和修业年限由学校决定。专业课程学习的学分根据学习内容和学习时数确定，学生修满所属高校网络教育规定的相应专业学分，符合毕业条件，达到毕业标准，可以取得毕业文凭。

网络高等学历教育是主要面向成人从业人员的非全日制教育，实行弹性学制和学分制，根据学科专业特点要求，最短学习年限（从注册到毕业的最短时间）为：高起本五年、高起专和专升本两年半或三年。本书文后所有有关"学习年限"，以此条规定的为准。

24. 网络教育的教学与教务管理有哪些环节？

网络教育的教学与教务管理主要包括招生管理、制订及实施教学计划和教学大纲、教学过程管理、考试管理、学籍管理、毕业审查管理等环节。网络教育学生应遵守所属试点高校制订的网络教育教学与教务管理的规章、制度和办法，配合相应的教学教务管理，完成学习过程。

第四篇 统考篇

25. 什么是"网络教育部分公共基础课统考"？统考由谁组织实施？

"网络教育部分公共基础课统考"（简称统考）是指在教育部领导下对网络高等学历教育本科层次的学生实施的部分公共基础课的全国统一测试。

为此我部成立了"全国高校网络教育考试委员会"（简称网考委）。网考委设立日常办事机构"全国高校网络教育考试委员会办公室"（简称网考办）。网考办负责组织、实施统考的有关具体工作，包括组织制定考试大纲、命制试题、建设题库，组织和监督考试，发布考试成绩及其他相关信息，组织研发与管理有关考试信息系统，进行统考的研究及对考试结果进行统计分析，并及时向教育部和网考委报告统考工作进展情况。

统考的考务工作由"中央广播电视大学现代远程教育校外教学支持服务体系"即"奥鹏远程教育中心"承担。

网考委在全国设立了北京、沈阳、上海、杭州、武汉、成都、西安和广州等八个考区，每个考区设有考区办公室（简称考办）。考区办的主要职责是负责阅卷及相关工作。包括组织阅卷、登录成绩，考场违纪、作弊的登录，无效、雷同等违纪试卷的认定，以及成绩复核等。

26. 哪些学生需要参加统考？

教育部批准的试点普通高校和中央电大"人才培养模式改革和开放教育试点"项目中自2004年3月1日（含3月1日）以后入学的本科层次网络学历教育的学生（含高中起点本科、专科起点本科）须参加网络教育统考。按不同学历层次和不同专业规定所需统考的所有统考科目成绩合格，将作为教育部高等教育学历证书电子注册资格的条件之一。

27. 统考课程包括哪些？高中起点本科学生和专科起点本科学生的统考科目一样吗？

统考课程包括《大学英语（A）（B）（C）》、《计算机应用基础》、《大学语文（A）（B）》和《高等数学（A）（B）》四门课程八个科目。统考科目按不同学历起点和专业类别确定。

高中起点本科学生的统考科目为:

专业类别	统考科目	备注
理工类专业	大学英语（B）、计算机应用基础、高等数学（B）（数学专业考"高等数学（A）"）	
文史法医、教育类专业	大学英语（B）、计算机应用基础、大学语文（B）（文史类专业考"大学语文（A）"）	
英语类专业	大学英语（A）、计算机应用基础、大学语文（B）	
艺术类专业	大学英语（C）、计算机应用基础、大学语文（B）	
其它专业	大学英语（B）、计算机应用基础、"高等数学（B）"或"大学语文（B）"（由试点学校任选一门）	
注: 公共外语和专业外语为非英语的学生, 考"大学英语（C）"。		

专科起点本科学生的统考科目为:

专业类别	统考科目	备注
英语类专业	大学英语（A）、计算机应用基础	入学考试科目中没有"大学语文"或"高等数学"成绩的, 按不同专业须加试统考科目"大学语文（B）"或"高等数学（B）", 加试科目的选择同高中起点本科学生的专业分类。
艺术类专业	大学英语（C）、计算机应用基础	
其它专业	大学英语（B）、计算机应用基础	
注: 公共外语和专业外语为非英语的学生, 考"大学英语（C）"。		

28. 统考的考试方式有哪些？

目前，统考采取机（网）考和笔试两种方式进行。《计算机应用基础》、《大学英语》、《高等数学》科目采取机（网）考的方式进行，考生进入考场后，系统现场自动组卷，考生在计算机上答题、交卷，系统自动评分、成绩实时上传；《大学语文》科目采取计算机自动组卷，机答和笔答混合方式。根据教育部关于做好现代远程教育试点高校网络教育部分公共基础课全国统一考试工作的通知（教高函[2006]17号）文件精神，统考将实施机（网）考和网上预约考试，为学生提供更好的考试环境和服务。

29. 什么情况下可以免考？可以免考哪些课程？

根据统考有关文件规定:

（1）已具有国民教育系列本科以上（含本科）毕业证书的学生，可免考全部统考科目。

（2）计算机类专业以外的学生，获得全国计算机等级考试一级、或一级A、或一级B或以上级别证书者可免考"计算机应用基础"；其他计算机等级证书获得者目前不能免考该课程。计算机类专业学生不能免考"计算机应用基础"。

（3）英语专业以外的学生，获得大学英语等级考试（CET）四级或以上级别证书者（2006年

1月1日前获得者)、全国公共英语等级考试(PETS)三级或以上级别证书者、省级教育行政部门组织的成人教育学位英语考试合格证书者,可免考"大学英语"。

(4)英语专业以外的学生,在入学注册时年龄满40周岁可免考"大学英语";年龄按照学生本人身份证上的出生日期为起点、在所就读的试点高校网络教育学院新生实际入学注册日期为终点进行计算。

(5)英语专业以外的学生,户籍在少数民族聚居地区的少数民族学生(参见《教育部关于开展现代远程教育试点高校网络教育部分公共基础课全国统一考试试点工作的实施意见》(教高〔2004〕5号)的附件:免考"大学英语"的少数民族学生的界定)可免考"大学英语";民族身份和居住地区的确认以学生本人身份证上的资料为准;正在就读网络教育英语专业的学生一律不能免考"大学英语"。

30. 公共外语和专业外语非修学英语的学生,可以免考"大学英语"吗?

修学俄语、日语的学生可以参加"大学英语(C)"的统考;也可以通过取得国家承认的俄语、日语考试合格证书,免考"大学英语"。具体规定如下:

(1)专业外语为日语的学生,取得日本语能力测试(JLPT)三级或以上级别证书、或取得日语专业四级或八级证书,可免考"大学英语"。

(2)公共外语为日语的学生,取得日本语能力测试(JLPT)四级或以上级别证书、或取得大学日语四级证书,可免考"大学英语"。

(3)公共外语为俄语的考生,取得大学俄语四级证书,可免考"大学英语"。

31. 如何理解统考免考条件中"计算机类专业以外的学生,获得全国计算机等级考试一级或以上级别证书者可免考《计算机应用基础》"?

(1)这里的"计算机类专业"指的是计算机科学与技术、计算机应用、计算机软件专业,是指学生目前就读的专业。

(2)经教育部批准,具有全国计算机等级考试一级或以上证书者都可免考《计算机应用基础》。

32. 统考免考条件中对相关免考证书有无时间和有效期规定?

持有免考条件中规定的本科以上毕业证书或外语类证书、计算机类证书者,在证书本身的有效期内方可按照有关规定在统考报名时申请免考统考全部科目或相应科目。

33. 学生采用什么方式进行统考报名缴费?

目前,统考报名缴费由学习中心协助或由学生个人通过网上报名缴费系统进行。鼓励学生本人通过网络进行统考科目的考试报名及缴费。由网考办和"中国现代远程与继续教育网"(www.cdce.cn)向考生提供直接服务,考生办理银行卡并通过中国银联网上支付平台进行网上缴费。

网上报名缴费操作办法可查询"中国现代远程与继续教育网"。

34. 参加统考时考生必须携带什么证件?统考准考证如何打印和领取?

考生必须持有效身份证件和《准考证》参加考试。有效身份证件指"居民身份证"、"护照"和"军人证件"(包括军官证、士兵证)。考生在考场出示的证件必须与报名时使用的证件一致。

统考准考证由各试点高校校外学习中心或考生本人在规定的时间内通过"中国现代远程与继续教育网"统考报名管理系统下载并打印。

35. 统考成绩由谁发布？何时发布？考生如何查询统考成绩？

统考各科目的成绩由网考办统一发布。统考成绩一般于考试结束40天后发布。考生在规定的时间内可通过"中国现代远程与继续教育网"及所就读试点高校网络教育学院或学习中心查询统考成绩；也可以通过发送手机短信的方式查询。具体查询方式请见上述网站。

36. 统考考试合格有证书吗？统考成绩记入学籍档案吗？

由于网考办已经为考生建立统考考籍档案，因此不再发放统考考试合格证书。按规定各科统考成绩均合格的学生方能进行毕业证书的电子注册、得到国家认可。

统考成绩是否记入学籍档案由所属试点高校决定。

37. 考生是否可以申请复核统考成绩？需履行怎样的手续？

考生如对考试成绩有疑问，可于统考成绩公布后在规定的时间内提出成绩复核申请，过期不予受理。考生申请日期以申请信件发出日期（当地邮戳）为准。成绩复核只查卷面得分，不重新评卷。

成绩复核申请必须由考生本人提出，网络教育学院和校外学习中心不能代替考生申请。"成绩复核申请表"可在"中国现代远程与继续教育网"下载，由考生本人签字并附上准考证和身份证复印件后寄至所属校外学习中心。成绩复核只接受以上书面申请材料，不接收任何其它申请方式，如电话、电子邮件、短信、传真等。

各考区办公室负责成绩复核工作。考区办按工作流程将成绩复核结果书面答复校外学习中心，校外学习中心在规定的时间内将复核结果书面回复考生。

具体的成绩复核流程详见"中国现代远程与继续教育网"。

38. 对统考考生违纪违规情况如何处理及处罚？

考生违纪或作弊情况由网考办向有关试点高校通报。有考试违纪行为的考生，其相关科目的考试成绩无效；有考试作弊行为的考生，当次考试全部科目成绩无效，并给予停考两次的处理。

试点高校根据考生违纪违规的具体情况按照《试点高校网络教育部分公共基础课统一考试违纪处理办法（试行）》的规定进行处理。

第五篇

政策篇

教育部关于做好2009年现代远程教育试点高校网络高等学历教育招生工作的通知

教高〔2009〕6号

各省、自治区、直辖市教育厅（教委），新疆生产建设兵团教育局，各现代远程教育试点高校：

为了进一步加强对现代远程教育试点高校（以下简称试点高校）网络高等学历教育招生工作的规范管理，切实做好2009年的招生录取工作，确保网络教育人才培养质量，实现网络教育健康、有序和可持续发展，现将有关要求通知如下：

一、明确招生工作定位。试点高校要以科学发展观为指导，认真贯彻落实党的十七大提出的"发展远程教育和继续教育，建设全民学习、终身学习的学习型社会"的要求，根据社会需求，充分发挥本校优势和特色，科学合理地确定网络高等学历教育招生类型、层次和专业。网络高等学历教育是主要面向成人从业人员的非全日制教育，实行弹性学制和学分制，根据学科专业特点要求，最短学习年限（从注册到毕业的最短时间）为：高起本五年、高起专和专升本两年半或三年。2009年北京大学等69所试点高校可以开展网络高等学历教育招生（名单见附件1），但不得以网络教育名义招收或变相招收各层次、各类型的全日制形式学习的高等学历教育学生，不得组织招收各级各类全日制脱产学习的在校学生（含全日制脱产学习的自考学生）同时兼读或套读网络高等学历教育。

二、严格招生计划和专业管理。试点高校要统筹网络教育和其他各类教育的协调发展，正确处理网络教育规模、质量、结构和效益的关系，对于网络高等学历教育在读学生规模较大的试点高校，要根据学校及其校外学习中心的教学、学习支持服务和管理能力，适当控制招生规模。试点高校要加强对网络高等学历教育招生计划工作的管理，本、专科专业的设置及调整按照我部关于高等学校专业设置备案、审批和管理办法执行。

三、加强宣传工作管理。试点高校要加强对招生宣传的统一管理。各校外学习中心不得自行印制招生宣传材料、开展宣传活动；试点高校发布的招生信息必须实事求是，不得发布模糊和虚假信息误导学生。试点高校要根据我部有关规定，加强网络高等学历教育学历证书和学位证书的授予标准和办理程序的宣传和解释工作，在招生简章和学生手册中明确有关网络教育入学资格、学习形式、修业年限、统考、学历文凭、学位授予、电子注册等政策要求。试点高校要通过适当形式，向社会宣传和公布招生简章、计划招生的校外学习中心名单、咨询与投诉电子信箱和电话，积极采取有效措施，防止被冒名开展网络高等学历教育招生。

四、规范招生录取工作。试点高校只能在审批通过的校外学习中心（包括我部批准的现代远程教育公共服务体系设立的校外学习中心）开展网络高等学历教育招生活动，不得以任何形式转移招生录取的职责和权利，严禁委托个人或中介机构代理招生。试点高校校外学习中心只能在试点高校的统一组织下配合开展招生工作，不允许自行开展招生及录取工作。各省级教育行政部门要对本行政区域内计划招生的校外学习中心名单进行核查。一经发现并核实有委托个人或中介机构代理招生的，将取消违规单位的招生资格。试点高校要在招生信息发布、准考证和录取通知书发放、以及咨询投诉等关键环节上建立直接面向学生服务的机制。

五、严格入学管理工作。试点高校要严格新生入学资格的审查，切实把好入口关，确保生源的基本质量。严禁非高级中等教育毕业或者不具有同等学力者取得专科或者本科入学资格；严禁未获得高等专科毕业证书者取得专科升本科入学资格。各地教育行政部门和各试点高校要严格按照我部有关规定切实做好新生学籍电子注册工作，加强对学籍信息的管理。

六、严格查处违规行为。各地教育行政部门和各试点高校要高度重视网络教育的发展与规范办学，依法治教，从严管理。各省级教育行政部门及纪检监察部门要加强对网络高等学历教育招生工作的管理和监督，要会同有关执法部门严肃查处在招生工作中乱发招生广告、乱招生、乱收费、冒名和诈骗招生的校外学习中心、社会机构和个人。我部将严肃查处违反本通知要求以及有关政策和法规的试点高校，并追究有关领导和相关负责人的责任。

为了进一步规范网络教育招生服务流程，加强对社会公众的服务，我部将在"中国远程与继续教育网"（http://www.cdce.cn/）上构架"高校网络教育阳光招生服务平台"，公开招生信息，方便考生信息查询，并建立新生学籍注册、统考、毕业生电子注册等的基础数据库。没有在该平台进行新生学籍注册的学生将不予承认其学籍，也不能参加网络教育全国统考和进行学历证书电子注册。试点高校应通过"高校网络教育阳光招生服务平台"，分别在每年春、秋季招生工作开始前报送招生简章、招生计划、计划招生的校外学习中心名单（样式及具体要求见附件2、3），在4月底和10月底前报送招生录取情况、新生基本情况（样式及具体要求见附件4、5）。

我部高等教育司远程与继续教育处联系地址及方式：北京西单大木仓胡同37号，邮编：100816；联系人：曾海军，杨华杰；电话：010-66097822，传真：010-66020758，电子信箱：dce@moe.edu.cn。

教育部
二〇〇九年三月二十八日

附件：
2009年可以开展网络高等学历教育招生的试点高校名单：

北京大学、中国人民大学、清华大学、北京交通大学、北京航空航天大学、北京理工大学、北京科技大学、北京邮电大学、中国农业大学、北京中医药大学、北京师范大学、北京外国语大学、北京语言大学、中国传媒大学、对外经济贸易大学、中国科学技术大学、中央音乐学院、南开大学、天津大学、大连理工大学、东北大学、中国医科大学、东北财经大学、吉林大学、东北师范大学、哈尔滨工业大学、东北农业大学、复旦大学、同济大学、上海交通大学（含医学院）、华东理工大学、东华大学、华东师范大学、上海外国语大学、南京大学、东南大学、江南大学、浙江大学、厦门大学、福建师范大学、山东大学、中国石油大学（华东）、郑州大学、武汉大学、华中科技大学、中国地质大学（武汉）、武汉理工大学、华中师范大学、湖南大学、中南大学、中山大学、华南理工大学、华南师范大学、四川大学、重庆大学、西南交通大学、电子科技大学、西南科技大学、四川农业大学、西南大学、西南财经大学、西安交通大学、西北工业大学、西安电子科技大学、陕西师范大学、兰州大学、中国石油大学（北京）、中国地质大学（北京）、中央广播电视大学

教育部办公厅关于对现代远程教育试点高校网络教育学生部分公共课实行全国统一考试的通知

教高厅〔2004〕2号

各省、自治区、直辖市教育厅（教委），新疆生产建设兵团教育局，各现代远程教育试点高校：

自1999年在高校开展现代远程教育试点工作以来，我国网络教育呈蓬勃发展的趋势，试点规模不断扩大，发展顺利，取得了可喜的经验和成果，但在发展中也存在着一些问题，为进一步加强网络教育的规范管理，提高网络教育的社会声誉，确保网络教育人才培养的质量，促进网络教育健康、有序地发展，经研究，我部决定对现代远程教育试点高校（以下简称试点高校）网络教育学生的部分公共课实行全国统一考试，现就有关事项通知如下：

一、试点高校网络教育学生的部分公共课全国统一考试（以下简称"统考"）工作在我部领导下，由全国高校现代远程教育协作组成立全国高校网络教育考试委员会具体组织落实。

二、统考实行全国统一大纲、统一试题、统一标准。

三、考试对象为试点普通高校的本科层次网络学历教育的学生和中央广播电视大学"人才培养模式改革和开放教育试点"项目的本科层次学历教育的学生。2004年3月1日以后（含3月1日）入学注册的学生的统考合格成绩作为教育部高等教育学历证书电子注册资格的条件之一。2004年3月1日之前入学的学生的统考成绩作为试点高校网络教育质量评估的重要依据。2004年将对部分地区和部分高校的网络教育学生进行试点性抽查考试。2005年开始对2004年3月1日之后入学注册的所有学生进行统考。对2004年3月1日之前入学注册的网络教育的学生仍采用抽查考试的办法。

四、统考初期原则上每年组织两次。统考初期以常规纸笔形式进行或机考、网考，逐渐过渡到完全无纸化的机考、网考。

五、2004年统考科目为英语和计算机基础，2005年开始，统考科目增加高等数学或大学语文。凡参加统考的学生都需参加英语、计算机基础考试，2004年3月1日之后入学注册的理工科类学生加试高等数学，文史类学生加试大学语文，农林医药类和艺术类专业学生由学校选择高等数学或大学语文之一进行考试。具体专业的考试要求将在实施意见中公布。

六、已具有国民教育系列本科以上学历（含本科）或参加相关的全国统一考试达到一定要求的学生可以免考。具体要求将在实施意见中公布。

七、统考具体实施意见另行发文。

试点高校网络教育公共课全国统一考试是提高网络教育办学质量和社会声誉的一项重要举措，各有关单位务必要高度重视，做好统考的舆论宣传工作和各项组织工作，保证统考工作的顺利进行。

教育部办公厅

二〇〇四年一月十四日

教育部关于开展现代远程教育试点高校网络教育部分公共基础课全国统一考试试点工作的实施意见

教高〔2004〕5号

各省、自治区、直辖市教育厅（教委），新疆生产建设兵团教育局，各现代远程教育试点高校：

为了贯彻落实《教育部办公厅关于对现代远程教育试点高校网络教育学生部分公共课实行全国统一考试的通知》（教高厅〔2004〕2号），做好试点高校网络教育部分公共基础课全国统一考试（以下简称"统考"）工作，我部决定委托全国高校网络教育考试委员会（以下简称"网考委"）开展统考试点工作。为保证试点工作的顺利进行，提出如下实施意见：

一、统考试点工作要按照网络教育应用型人才的培养目标，针对从业人员继续教育的特点，重在检验学生掌握基础知识的水平及应用能力。

二、在我部的领导下，由网考委负责实施统考试点工作。网考委下设办公室（以下简称"网考办"）、统考课程专家组和若干考区办公室，各机构负责人采用任期制，由网考委主任任命。

网考办作为网考委的日常办事机构，主要负责组织落实统考试点的有关具体工作；统考课程专家组根据统考科目的需要设立，承担制订考试大纲、命题、题库建设、对统考课程进行业务指导和统考质量分析等工作；考区办公室负责考区的阅卷及相关工作。

统考考务工作在网考委的领导下，主要由"中央广播电视大学现代远程教育校外教学支持服务体系"承担。中央广播电视大学对考务工作负有领导和协调责任。

三、各地教育行政部门要对当地的统考试点工作进行指导、监督和协调，考区办公室所在地的省级教育行政部门要指导当地的阅卷工作。考务单位在考前和考后将考试实施方案和考试情况及时报告当地教育行政部门。

各现代远程教育试点高校要根据我部关于统考工作的要求和网考委的具体部署，做好宣传动员、报名、免考资格审查、参与题库建设等工作。

四、考试对象为现代远程教育试点普通高校的本科层次网络学历教育的学生和中央广播电视大学"人才培养模式改革与开放教育试点"项目的本科层次学历教育的学生。2004年3月1日以后（含3月1日）注册入学的学生要依照本实施意见的规定参加统考，对2004年3月1日之前注册入学的学生进行抽测。

五、统考科目按不同学历起点和不同专业类别确定：

高中起点本科学生的统考科目是：

（一）理工类专业统考科目包括："大学英语（B）"、"计算机应用基础"、"高等数学（B）"（数学专业考"高等数学（A）"）；

（二）文史法医教育类专业统考科目包括："大学英语（B）"、"计算机应用基础"、"大学语文（B）"（文史类专业考"大学语文（A）"）；

（三）英语类专业统考科目包括："大学英语（A）"、"计算机应用基础"、"大学语文（B）"；

（四）艺术类专业统考科目包括："大学英语（C）"、"计算机应用基础"、"大学语文（B）"；

（五）其它专业统考科目包括："大学英语（B）"、"计算机应用基础"，由试点学校在"高等数学（B）"和"大学语文（B）"中再任选一门进行统考。

专科起点本科学生的统考科目是：

（一）英语类专业统考科目包括："大学英语（A）"、"计算机应用基础"；

（二）艺术类专业统考科目包括："大学英语（C）"、"计算机应用基础"；

（三）其它专业统考科目包括："大学英语（B）"、"计算机应用基础"；

专科起点本科教育入学考试科目中没有"大学语文"或"高等数学"成绩的，按不同专业须加试统考科目"大学语文（B）"或"高等数学（B）"，考试科目的选择同高中起点本科学生的专业分类。

六、关于免考的规定：

（一）已具有国民教育系列本科以上学历（含本科），可免考全部统考科目；

（二）除计算机类专业学生外，获得全国计算机等级考试一级B或以上级别证书者可免考"计算机应用基础"；

（三）除英语专业学生外，获得大学英语等级考试（CET）4级或以上级别证书者、全国公共英语等级考试（PETS）三级或以上级别证书者、省级教育行政部门组织的成人教育学位英语考试合格证书者，可免考"大学英语"；

（四）入学注册时年龄满40周岁的非英语专业学生可免考"大学英语"；

（五）除英语专业考生外，户籍在少数民族聚居地区的少数民族学生（界定标准见附件）可免考"大学英语"。

各试点高校要将本校免考学生名单公示并报网考办备案。

七、统考公共基础课的要求与高等教育本科相应公共基础课的要求相一致。统考试点工作由网考委统筹安排，全国统一大纲，统一试卷，统一考试，统一阅卷标准。

统考暂定每年组织两次，考试时间在3月和9月。学生在修业年限内可以多次参加考试，每次参考门次由学生自定。试点期间的统考成绩有效。

八、考试费用由现代远程教育试点学校统一缴纳。考试费应专款专用于统考工作，不得挪作他用。

九、试点期间，统考课程成绩分为合格与不合格，合格标准由网考委确定，考试结果由网考办公布。所有统考科目成绩合格作为教育部高等教育学历证书电子注册资格的条件之一。

十、统考考试试卷（含答案及评分参考、听力磁带）启用前属于机密级国家机密。根据《中华人民共和国保守国家秘密法》、《中华人民共和国保守国家秘密法实施办法》及有关法律、法规，网考委制订统考安全保密规定。

十一、网考委成立统考突发事件"应急领导小组"，建立考试信息沟通机制，快速有效地应对全国与地区、考点发生的突发事件。

十二、网考委对统考试点工作做出突出贡献的单位和个人给予表彰。对参加统考的考生以及考试工作人员、其他相关人员，违反考试管理规定和考场纪律，影响考试公平、公正进行的行为，视情节轻重、影响大小分别给予相应的处罚。

网考办和考区办公室负责对考试违规行为进行认定与处理。

十三、网考委按照本意见制定统考工作管理办法。
附件：免考"大学英语"的少数民族学生的界定

教育部
二〇〇四年十一月二十六日

附件：免考"大学英语"的少数民族学生的界定

一、西藏自治区、新疆维吾尔自治区、广西壮族自治区、内蒙古自治区、青海省、云南省、贵州省、四川省、重庆市、宁夏回族自治区、甘肃省、陕西省等西部地区的少数民族学生。

二、下表所列少数民族自治州、少数民族自治县的少数民族学生。

少数民族自治州

省（区）	名　称	人民政府所在地	成立日期
吉林省	延边朝鲜族自治州	延吉	1952.09.03
湖南省	湘西土家族苗族自治州	吉首	1957.09.20
湖北省	恩施土家族苗族自治州	恩施	1983.12.01

少数民族自治县

省（区）	名称	人民政府所在地	成立日期	省（区）	名称	人民政府所在地	成立日期
黑龙江省	杜尔伯特蒙古族自治县	泰康	1956.12.05	湖南省	通道侗族自治县	双江	1954.05.07
辽宁省	喀喇沁左翼蒙古族自治县	大城子	1958.04.01		江华瑶族自治县	沱江	1955.11.25
	阜新蒙古族自治县	阜新	1958.04.07		城步苗族自治县	儒林	1956.11.30
	新宾满族自治县	新宾	1985.06.07		新晃侗族自治县	新晃	1956.12.05
	岫岩满族自治县	岫岩	1985.06.11		芷江侗族自治县	芷江	1987.09.24
	清原满族自治县	清原	1990.06.06		靖州苗族侗族自治县	渠阳	1987.09.27
	本溪满族自治县	小市	1990.06.08		麻阳苗族自治县	高村	1990.04.01
	桓仁满族自治县	桓仁	1990.06.10	海南省	乐东黎族自治县	抱由	1987.12.28
	宽甸满族自治县	宽甸	1990.06.12		琼中黎族苗族自治县	营根	1987.12.28
吉林省	前郭尔罗斯蒙古族自治县	前郭	1956.09.01		保亭黎族苗族自治县	保城	1987.12.30
	长白朝鲜族自治县	长白	1958.09.15		昌江黎族自治县	石碌	1987.12.30
	伊通满族自治县	伊通	1989.08.30		白沙黎族自治县	牙叉	1987.12.30
河北省	孟村回族自治县	孟村	1955.11.30		陵水黎族自治县	陵城	1987.12.30
	大厂回族自治县	大厂	1955.12.07	湖北省	长阳土家族自治县	龙舟坪	1984.12.08
	青龙满族自治县	青龙	1987.05.10		五峰土家族自治县	五峰	1984.12.12
	丰宁满族自治县	大阁	1987.05.15	广东省	连南瑶族自治县	三江	1953.01.25
	围场满族蒙古族自治县	围场	1990.06.12		连山壮族瑶族自治县	吉田	1962.09.26
	宽城满族自治县	宽城	1990.06.16		乳源瑶族自治县	乳城	1963.10.01
				浙江省	景宁畲族自治县	鹤溪	1984.12.24

教育部关于做好现代远程教育试点高校网络教育部分公共基础课全国统一考试工作的通知

教高函〔2006〕17号

各省、自治区、直辖市教育厅（教委），新疆生产建设兵团教育局，各现代远程教育试点高校，全国高校网络教育考试委员会：

为进一步加强网络教育的规范管理，确保网络教育人才培养的质量，在我部领导下，全国高校网络教育考试委员会（以下简称网考委）2006年顺利组织了两次现代远程教育试点高校（以下简称试点高校）网络教育部分公共基础课全国统一考试（以下简称统考），社会反响很好，网络教育的社会声誉不断提高。为了进一步建立和完善现代信息技术条件下适合于成人继续教育的统考组织模式，切实做好统考的组织与管理工作，现将有关要求通知如下：

一、进一步提高对统考工作重要性的认识。统考是提高网络教育办学质量和社会声誉的一项重要举措。统考各有关单位要高度重视，加强领导，认真落实我部有关统考工作的各项要求，切实做好统考的组织与管理工作。各试点高校还要进一步加强网络教育的教学工作，并针对成人在职人员的特点和学习需求，深化教学改革，加强优质资源建设与共享，强化教学支持服务，努力提高网络教育的人才培养质量。

二、进一步建立和完善现代信息技术条件下适合于成人继续教育的统考组织模式。各有关单位要结合中国国情和统考工作的实际情况，进一步加强统考信息化环境、信息管理系统以及标准化考点的建设，要充分利用现代信息技术手段，实现网上交费和网上报名，并逐步过渡到机考、网考和网上预约考试，全面实现统考管理的信息化，提高统考组织效率和信息化水平。

三、进一步加强统考收费管理工作。各有关单位必须严格执行国家收费管理的有关规定，严格按照批准的项目和标准依法收费。收费收入要按照"收支两条线"管理的有关规定，及时上缴中央财政专户，规范管理，专款专用，确保统考工作的顺利进行。

四、进一步加强对统考工作的组织管理和制度建设。在网考委的领导下，各有关单位要进一步完善统考工作的制度和管理办法，进一步明确其工作任务和工作流程，切实履行好各自职责，加强统考工作的衔接、沟通与协作，共同做好各项组织与管理工作。特别要严格按照国家考试的要求做好考前、考中和考后的组织与管理、考务服务与技术支持等工作。各试点高校要切实做好统考的宣传动员、报名组织和免考资格审查等方面工作。

五、进一步严格统考考风考纪管理。各试点高校要加强对考生的考风考纪教育和诚信教育，树立良好的学风、考风。考务单位要加强统考监督和巡查的力度，切实防范和制止各种形式的违纪作弊事件的发生。各有关单位要按照《国家教育考试违规处理办法》的有关规定，严格考风考纪管理，严肃查处考试违规、弄虚作假和营私舞弊等行为。

六、进一步做好统考的安全稳定工作。各有关单位要从维护稳定的高度，树立法制观念和安全保密意识，强化命题、试卷印制及运送、题库下发、阅卷登分等各环节的安全保密工作，制定安全保密预案和应急处理预案，及时妥善处理各类突发事件，确保统考公平、公正、平稳、有序地顺利进行。各地教育行政部门要高度重视统考的安全稳定工作，要加强对统考工作的指导、协调和监督。

教育部
二〇〇六年八月一日

教育部办公厅关于成立
第二届全国高校网络教育考试委员会的通知

教高厅函〔2009〕11号

各省、自治区、直辖市教育厅（教委），新疆建设兵团教育局，各现代远程教育试点高校：

为进一步加强网络教育的规范管理，确保网络教育人才培养的质量，在我部领导下，全国高校网络教育考试委员会（以下简称网考委）自2005年起开始组织了现代远程教育试点高校网络教育部分公共基础课全国统一考试(以下简称统考)，并将考试成绩合格作为我部高等教育学历证书电子注册资格的条件之一。目前，第一届网考委任期届满，经研究，我部决定换届成立第二届网考委（委员名单见附件），任期为2009年至2012年。

网考委是在我部领导下对统考进行决策、指导、咨询、研究、组织与实施的组织。主要职责是负责对统考的组织与管理，制定统考的实施意见、管理办法、考试大纲和考务标准、组织与管理命题和阅卷等工作并进行有关统考的研究工作等。网考委下设办公室作为其日常办事机构，主要负责组织落实统考的各项具体工作。

请各有关单位通知专家本人，并对专家的工作予以充分支持。

附件: 第二届全国高校网络教育考试委员会委员名单

教育部办公厅

二〇〇九年三月十三日

附件: 第二届全国高校网络教育考试委员会委员名单

主任：

张尧学　教育部高等教育司

常务副主任：

刘　桔　教育部高等教育司

副主任：

郭广生　北京市教委

魏中林　广东省教育厅

葛道凯　中央广播电视大学

韩　震　北京师范大学

委员：

刘　英　教育部高等教育司远程与继续教育处

黄　侃　北京市教委高教处

田蔚凤　上海市教委高教处
庄华洁　浙江省教育厅高教处
张建军　湖北省教育厅高教处
孙华林　辽宁省教育厅高教处
胡振敏　广东省教育厅高教处
周雪峰　四川省教育厅高教处
袁　宁　陕西省教育厅高教处
严继昌　清华大学
李德芳　北京师范大学
侯建军　北京大学
陈　庚　北京交通大学
李林曙　中央广播电视大学
陈德人　浙江大学
吴树敬　北京理工大学
李道英　北京师范大学
徐　兵　北京航天航空大学
顾宗连　中国人民大学
颜云辉　东北大学
陈萃光　浙江大学
徐乃庄　上海交通大学
应松宝　西南交通大学
许晓艺　华南师范大学
张国安　华中科技大学
冯建力　西北工业大学
张海波　兰州大学
韩　竞　内蒙古自治区广播电视大学
秘书：
严继昌　（兼）

教育部办公厅关于进一步加强现代远程教育试点高校网络高等学历教育学历证书和学位证书规范管理的通知

教高厅〔2007〕1号

各省、自治区、直辖市教育厅（教委），新疆生产建设兵团教育局，各现代远程教育试点高校：

为了进一步加强对现代远程教育试点高校（以下简称试点高校）网络高等学历教育学历证书和学位证书的规范管理，现就有关事项通知如下：

一、加强试点高校网络高等学历教育学历证书和学位证书的规范管理，对于维护广大受教育者的合法权益，维护网络教育的声誉以及社会秩序都具有十分重要的意义。各地教育行政部门和各试点高校要坚持"依法规范、客观写实、学校负责、政府监督"的原则，严格执行国家有关学历和学位管理的规定，建立和健全有关网络高等学历教育毕业生的学历证书和学位证书授予的规章制度，高度重视并切实做好网络高等学历教育毕业生的学历证书和学位证书的授予与管理工作。

二、各地教育行政部门和各试点高校要根据《高等教育学历证书电子注册管理暂行规定》（教学〔2001〕4号）、《教育部关于当前加强高等学校学历证书规范管理的通知》（教学〔2002〕15号）和《教育部办公厅关于进一步完善高等教育学历证书电子注册制度的通知》（教学厅〔2004〕11号）等有关文件规定，严格做好网络高等学历教育学生的毕业资格审查、毕（结）业证书发放和电子注册工作。

三、各地教育行政部门和各试点高校要进一步规范网络高等学历教育本科毕业生申请学位的管理，保证学士学位授予质量。网络教育是主要面向成人在职人员的非全日制教育，2007年7月1日以后录取的网络高等学历教育本科学生，毕业时授予学士学位的标准应与授予成人高等教育本科毕业生学士学位的标准完全一致，授予成人高等教育学士学位并相应颁发成人高等教育学士学位证书。2007年7月1日以前录取的网络高等学历教育本科学生，毕业时学士学位授予由试点高校按照原有的政策执行。

四、各试点高校要加强网络高等学历教育学历证书和学位证书的授予标准和办理程序的宣传和解释工作，在招生简章和学生手册中明确有关网络教育统考、学历文凭、学位授予、电子注册等政策要求，做好深入细致的思想工作和组织工作，保证学历证书发放、学位授予和电子注册工作的顺利进行。各地教育行政部门要加强对网络高等学历教育学历证书和学位证书的监督与管理，严格电子注册制度，切实保证网络高等学历教育质量，维护国家学历、学位教育制度的严肃性。

教育部办公厅

二〇〇七年四月四日

教育部关于印发
《高等教育学历证书电子注册管理暂行规定》的通知

教学〔2001〕4号

各省、自治区、直辖市教育厅（教委），各计划单列市教委，新疆建设兵团教委，国务院有关部委教育司（局），部属各高等学校：

现将《高等教育学历证书电子注册管理暂行规定》印发给你们，请遵照执行。

教育部

二〇〇一年二月五日

附件：高等教育学历证书电子注册管理暂行规定

第一条　为适应高等教育改革的需要，有利于高等教育健康发展，保证高等教育质量，维护国家学历制度和学历证书的严肃性，维护高等学校毕业生的合法权益，特建立高等教育学历证书电子注册制度。

第二条　实施高等学历教育的高等学校或其它教育机构（经批准承担培养研究生任务的科学研究机构，以下同）按国家招生规定录取的学生，参加高等教育自学考试和高等教育学历文凭考试的学生，所取得的学历证书予以注册。

第三条　证书注册运用现代信息技术，实行计算机网络管理。

第四条　教育部授权各省、自治区、直辖市教育行政部门实施学历证书注册工作。教育部对经注册的证书进行审核、备案；经审核、备案后国家方予承认和保护。

第五条　注册学历证书分毕业证书、结业证书两种。

第六条　普通高等教育、成人高等教育毕（结）业证书以及通过高等教育自学考试和高等教育学历文凭考试取得的毕业证书，由证书颁发单位向所在省（自治区、直辖市）教育行政部门注册。

第七条　普通、成人高等教育毕（结）业证书应具有以下内容：

（一）姓名、性别、出生日期、学习起止年月；

（二）专业、层次（博士、硕士、本科、专科、第二学士学位），毕（结）业；

（三）学习形式（普通全日制，成人脱产、业余、夜大学、函授、电视教育、网络教育）；

（四）本人近期免冠正面照片并骑缝加盖学校钢印；

（五）学校名称及印章，校（院）长签名；

（六）发证日期及证书编号。

第八条　高等教育自学考试和高等教育学历文凭考试毕业证书应具有以下内容：

（一）姓名、性别；

（二）身份证号；

（三）本人近期免冠正面照片；

（四）专业、层次（本科、专科）、毕业；

（五）省级高等教育自学考试委员会名称和印章、主考学校或就读学校名称和印章；

（六）发证日期及证书编号。

第九条 普通、成人高等教育毕（结）业证书注册内容为：

（一）姓名、性别、出生日期；

（二）专业、层次；

（三）学习形式（普通全日制，成人脱产、业余、夜大学、函授、电视教育、网络教育）；

（四）毕（结）业、证书注册号（证书编号）。

第十条 高等教育自学考试和高等教育学历文凭考试毕业证书注册内容为：

（一）姓名、性别；

（二）身份证号；

（三）专业、层次、毕业；

（四）证书注册号（证书编号）；

（五）省级高等教育自学考试委员会名称，主考学校或就读学校名称。

第十一条 毕（结）业证书编号即为注册号，使用阿拉伯数字，统一规范为17位。

（一）普通、成人高等教育毕（结）业证书注册号由学校或其它教育机构按以下顺序编排：前5位为学校或其它教育机构的国标代码；第6位为办学类型代码；第7至10位为年份；第11至12位为培养层次代码；第13位至17位为学校对毕（结）业证书编排的序号。

（二）高等教育自学考试及高等教育学历文凭考试毕业证书注册号，由各省（自治区、直辖市）高等教育自学考试委员会按以下顺序编排：第1位为办学类型代码；第2位为培养层次代码；第3、4位为省（自治区、直辖市）国标代码；第5、6位为地（市）国标代码；第7、8位为县（区）国标代码；第9、10位为年度代码；第11位为上、下半年考试考次代码；第12至16位为准考证序号代码；第17位为校验代码。

（三）办学类型代码：普通高等教育1；成人高等教育5；高等教育自学考试和高等教育学历文凭考试6。

（四）培养层次代码：博士研究生01；硕士研究生02；第二学士学位04；本科05；专科（含高职）06。

第十二条 高等教育学历证书注册工作实行国家、省（自治区、直辖市）、学校或其它教育机构三级管理。

（一）高等学校或其它教育机构负责印制、填写、颁发毕（结）业证书，对按国家招生规定录取的每届毕（结）业生颁发证书结束后，于每年7月底以前按本规定第九条的注册内容要求报所在省（自治区、直辖市）教育行政部门。

高等教育自学考试和高等教育学历文凭考试毕业证书，由教育部高等教育自学考试办公室统一印制，省级高等教育自学考试委员会颁发，主考学校或就读学校副署。高等教育自学考试毕业证书颁发时间为每年6月和12月；高等教育学历文凭考试的毕业证书颁发时间为每年6月。省级高等教育自学考试委员会办公室于每年7月底以前将当年6月和上一年12月颁发的毕业证书按本规定第十条的注册内容要求报所在省（自治区、直辖市）教育行政部门。

（二）省（自治区、直辖市）教育行政部门对各证书颁发单位所颁发的毕（结）业证书进行审核并予以注册；于每年8月底前将经注册的毕（结）业证书按本规定的注册内容要求汇总报教育部备案。

（三）教育部对省（自治区、直辖市）已注册的毕（结）业证书进行审核备案；经审核备案的毕（结）业证书进入全国高等教育学历证书档案库，供社会网上查询。

第十三条　毕（结）业证书电子注册制度于2001年开始建立并实施。从该年起颁发的毕（结）业证书未经注册的，国家不予承认。

学历证书经注册后予以承认的时间为证书颁发时间。

第十四条　漏报、错报毕（结）业证书注册的，由证书颁发单位具文并附相关证明材料报所在省（自治区、直辖市）教育行政部门审核修正，经修正注册后报教育部审核备案。

第十五条　因漏报、错报毕（结）业证书注册而影响毕（结）业生就业或造成其它后果的，由漏报、错报单位承担责任。

第十六条　各省（自治区、直辖市）教育行政部门，各高等学校及其它教育机构、高等教育自学考试和高等教育学历文凭考试单位，必须重视学历证书注册工作，加强对学历证书的管理。对违规操作、弄虚作假的，除公布已注册证书作废外，并追究有关人员和单位的责任。

关于印发《〈高等教育学历证书电子注册管理暂行规定〉实施细则》的通知

教学司〔2001〕80号

各省、自治区、直辖市教育厅（教委），大连市、青岛市教委：

现将《〈高等教育学历证书电子注册管理暂行规定〉实施细则》印发给你们，请按照实施。

附件：《〈高等教育学历证书电子注册管理暂行规定〉实施细则》

教育部学生司
二〇〇一年十二月四日

附件：《〈高等教育学历证书电子注册管理暂行规定〉实施细则》

一、依据《高等教育学历证书电子注册管理暂行规定》制定本实施细则。

二、实施高等教育学历证书电子注册后，培养单位印制的学历证书要具有《高等教育学历证书电子注册管理暂行规定》（以下简称〈规定〉）所规定的内容。

三、学历证书编号（电子注册号）是电子注册的重要内容，各培养单位务必按〈规定〉的要求编排，毕（结）业生数不到千、万位数的，编号中证书顺序号千、万位数位置以"0"代替，不得出现其他字符。

结业证书同所在专业（班）毕业生证书统一编号注册；结业生换发毕业证书其毕业证书编号仍使用原结业证书编号，即同一学生无论结业或毕业其学历证书只有一个电子注册号，结业换毕业的情况在该学历证书注册的"备注"中说明。

四、成人高等教育学习形式中的半脱产即为业余学习，归入学历证书注册内容的"业余"类。

五、《高等教育法》规定，高等教育由高等学校和其他高等教育机构实施。《高等教育法》颁布之前由原国家教委批准的部分中等师范学校和中等专业学校所招的大专（高职）班毕业生，由举办学校或合作办学高校具名颁发证书、申报注册。

六、招生时以"××大学（学院）××分校（院）或××大学（学院）××大专（高职）班"等名义招生，其学生毕业时办学单位没有变化（调整、合并）的，颁发的毕（结）业证书以招生时对社会公布的办学单位名称具名并申报注册。

七、教育部仅批准中央广播电视大学试招注册视听生，此类学生毕业证书由中央广播电视大学颁发，报教育部审核注册、备案。

八、经教育部批准实施网络教育试点的高等学校对所招收的网络教育学生，按以下方式对颁发的学历证书进行申报注册：

（一）参加全国统一招生考试，通过省级招生办公室统一录取并载入录取库的网络教育本专科学生，学校以其参加入学考试的类别随本校普通或成人高等教育学生的学历证书一同申报注册；

（二）学校自行命题、自行组织招生考试、自行录取的网络教育本专科学生，由学校按招生时确定的普通或成人高等教育类别建新类申报注册（因未经省级招办录取，省级招办录取库无录取名单，需另建类单独审核、备案）；毕业证书编号（电子注册号）中办学类型（网络教育）为"7"。

九、军队院校按国家招生规定经省（自治区、直辖市）招办录取，为地方培养的普通或成人高等教育毕（结）业生，所颁发的学历证书由颁发单位向所在地省（自治区、直辖市）教育行政部门申报注册。

十、高等教育自学考试和高等教育学历文凭考试毕业证书，由证书颁发单位（即省级自考办）按〈规定〉中的注册内容将所颁发的毕业证书报所在省教育行政部门注册。此类毕业证书注册编号中培养层次代码本科为"5"，专科为"6"。

十一、经教育部批准有招收留学生资格的高等学校，其留学生学历证书编号中办学类型代码为"9"。留学生学历证书注册由学校直接向教育部申报。

十二、高等教育保密性专业毕（结）业生的学历证书注册时，培养单位必须注明"保密"，注册部门另行分类注册，单独报教育部，培养单位及教育行政部门均不得将其上网供公众查询。

十三、春季毕（结）业生及提前毕业学生学历证书与当年秋季毕（结）业生学历证书一并注册。

十四、培养单位向省级教育行政部门申报学历证书注册时间为每年7月底之前；各省级教育行政部门向教育部报经注册学历证书时间为每年8月底之前；教育部9月审核、备案。教育部审核、备案之前各省级教育行政部门不得在网上公布。

十五、省级教育行政部门对错、漏报以及结业换毕业的学历证书注册修改时间为11月份（高等学校的时间由省级教育行政部门安排）。以往在9月以后才能颁发毕（结）业证书的培养单位，要尽量调整教学计划，使学历证书注册时间与整体工作同步，各省级教育行政部门于11月底之前将修改、补注学历证书结果报教育部审核、备案，每年学历证书注册信息入网截止时间为当年12月底。

十六、教育部对学历证书的审核、备案以及提供网上查询的技术性、事物性工作委托"全国高等学校学生信息查询与就业指导中心"实施。

十七、各省（自治区、直辖市）学历证书注册部门在收取学历证书注册管理费时，须按收费管理规定报当地物价部门审批。

教育部办公厅关于进一步完善
高等教育学历证书电子注册制度的通知

教学厅〔2004〕11号

各省、自治区、直辖市教育厅（教委）、高等学校招生委员会办公室：

为进一步完善高等学校学生管理体系，健全学历证书监督、查询机制，完善学历证书电子注册制度，按照《2003－2007年教育振兴行动计划》关于建立高等学校招生、新生注册、学生管理、颁发学历证书、毕业生就业一体化信息管理系统的目标要求，从2004年开始，普通高等学校和成人高等学校（以下合称高等学校）每年的录取新生将通过中国高等教育学生信息网（网址：www.chsi.com.cn）与各省级招办报送我部备案的录取新生信息进行核对，核准的信息作为各高等学校进行新生入学注册、学业结束后核发学历证书的基本依据。现就有关事项通知如下：

一、高等教育学历证书实行电子注册是加强学历证书管理所采取的重要措施。各省级教育行政部门、高等学校招生委员会办公室（以下简称省级招办）和各高等学校要高度重视，充分认识到学历证书电子注册制度在遏制伪造学历证书、规范高等学校办学行为、维护国家高等教育声誉、保护高等学校及广大学生权益以及为用人单位服务等方面所发挥的重要作用，相互密切配合，共同做好此项工作。

二、各省级招办在每年录取工作结束后，必须严格按照我部招生信息上报的标准、格式、时间做好新生录取信息的整理和上报工作。各省级招办上报我部备案的各校录取新生信息与提供给高等学校的新生信息要一致。同时要采取措施，建立责任追究制度，杜绝漏报、错报现象的发生。

三、各高等学校对入学报到新生，须在中国高等教育学生信息网上与各省级招办上报备案的高等学校录取新生名单进行核对，确认无误后方可承认其学籍。对经核对有关信息不一致的新生，由高等学校向生源所在省级招办查询，确属漏报或错报的，须由省级招办向我部书面说明原因并补报相关信息，经我部备案后，方可承认其学籍。

四、各高等学校和省级学籍管理部门凭"学信政务卡"（已发至各省）登录中国高等教育学生信息网的"全国高校录取新生核对系统"，在网上浏览、核对、下载本校或本省新生数据。具体要求和操作见网上说明。

五、各高等学校在网上核对入学新生信息的时间为每年11月份。核对工作全部结束后，将核对结果报所在地省级教育行政部门，同时在网上报我部备案。

六、经我部批准实施网络教育的高等学校自行考试、招收的网络生，入学注册后由所在高等学校参照我部成人高等学校招生信息标准整理注册新生名单及有关信息，报所在地省级教育行政部门，由各省级教育行政部门汇总后报我部备案。新生信息内容中学习形式须注明为"网络教育"，代码为"7"。

请各省、自治区、直辖市教育厅（教委）及时将本通知转发至本地区各高等学校。

教育部办公厅

二〇〇四年七月七日

教育部办公厅关于印发《现代远程教育校外学习中心（点）暂行管理办法》的通知

教高厅〔2003〕2号

各省、自治区、直辖市教育厅（教委），新疆生产建设兵团教委，各现代远程教育试点高等学校：

为了加强现代远程教育校外学习中心（点）的管理，进一步规范现代远程教育教学支持服务活动，我部制定了《现代远程教育校外学习中心（点）暂行管理办法》，现印发你们，请认真贯彻执行。请将执行中的有关情况及时报告我部。

附件：现代远程教育校外学习中心（点）暂行管理办法

教育部办公厅

二〇〇三年三月十日

附件：现代远程教育校外学习中心（点）暂行管理办法

第一条　为加强现代远程教育校外学习中心（点）（以下简称校外学习中心（点））的管理，进一步规范现代远程教育教学支持服务活动，特制定本办法。

第二条　本办法所称校外学习中心（点）是指经教育部批准开展现代远程教育试点的高等学校（以下简称试点高校）自建自用或共建共享的校外学习中心（点），以及经教育部批准开展现代远程教育教学支持服务的社会公共服务体系（以下简称公共服务体系）所建设的校外学习中心（点）。

第三条　校外学习中心（点）是接受试点高校的委托，根据试点高校统一要求和工作安排，配合试点高校进行招生宣传、生源组织、学生学习支持、学籍和日常管理，开展现代远程教育支持服务的机构。校外学习中心（点）不得从事以独立办学为目的的各类教学活动和发放各类毕业证书或培训资格证书，不得从事任何与现代远程教育支持服务无关的经营性活动。校外学习中心（点）不得下设分支机构性质的其它校外学习中心（点）。

第四条　校外学习中心（点）依托建设的单位应当具有事业或企业法人资格，具备从事教育或相关服务资格，能独立承担相应的法律责任。

第五条　拟设立的校外学习中心（点）应当具备下列条件：

（一）有符合支持服务要求的专职管理人员、服务人员和技术人员，保证试点高校的教学实施和对学生的辅导工作，保证设备的正常运转。

（二）有相对独立场所，教学服务设施齐备和相对集中，学习环境优良。

（三）具有百兆以上局域网条件，并与CHINANET或CERNET等国家公用的传输网络连接，至少有512K以上的接入带宽；具有功能和数量符合教学要求的专用服务器；为使用通讯卫星开展远程教育的试点高校提供支持服务的校外学习中心（点）应当具备经有关部门批准使用的、能够接收现代远程教育试点高校信息的卫星接收设备。实现在局域网上存储和共享教学信息。

（四）具有符合教学要求的多媒体网络教室，配备联网多媒体计算机、视频投影机或大屏幕投影电视、双向视频教学系统、不间断电源等设备。联网多媒体计算机数量保证每6个学生不少于一台，总数量不少于50台。

（五）具有以下功能的相应的远程教育教学软件：

1. 向学生提供试点高校的教育资源，支持学生以多种形式实现有效的学习。

2. 支持教师、学生在互联网上搜索和传递信息。

3. 对学生学习过程和教师教学过程进行监控与管理。

（六）符合国家与地方有关安全、消防、卫生等方面的要求。

第六条 设立校外学习中心（点）应当由试点高校或公共服务体系向校外学习中心（点）所在地省级教育行政部门提出申请并报送以下材料：

（一）拟设立校外学习中心（点）的类别、层次、设置地点、通信地址、邮政编码、负责人身份证复印件、联系人、联系电话及电子邮件信箱等以及依托建设的单位的概况、法人证明复印件等。

（二）拟设立的校外学习中心（点）的管理方式、学习支持服务、学习支持队伍和信息安全保障措施。

（三）拟设立的校外学习中心（点）的学习场地、配套设施、网络环境及其它必要的条件·与设施、资金等证明材料。

（四）试点高校设立自建自用或共建共享的校外学习中心（点）应当提供教育部批准开展现代远程教育试点的文件以及试点高校在本地区实施现代远程教育的方案和委托协议。公共服务体系设立校外学习中心（点）应当提供教育部批准开展现代远程教育教学支持服务的文件。

第七条 试点高校或公共服务体系设立校外学习中心（点）由校外学习中心（点）所在地省级教育行政部门审批。省级教育行政部门在每年3月和10月受理申请，并在收到申请后的30天内做出答复。各省级教育行政部门定期将批准设立的校外学习中心（点）报教育部备案并向社会公布。

第八条 校外学习中心（点）应执行试点高校有关现代远程教育的各项规章制度，依法维护试点高校知识产权。

第九条 校外学习中心（点）应当遵守国家计算机与网络安全管理条例，有专人负责计算机网络、有线电视及其它通信网络的信息安全，配备网络安全设施和相关的系统软件，防止非法信息的传入和扩散，防止计算机病毒攻击等人为破坏。

第十条 试点高校设立、指导和管理校外学习中心（点）的情况，是评估试点高校现代远程教育工作的重要内容。

省级教育行政部门负责对所管辖的校外学习中心（点）的监督、检查和评估。评估不合格的校外学习中心（点），应当要求其进行整改或取消其支持服务的资格，并将处理意见报教育部备案。试点高校应当做好有关善后工作。

第十一条 本办法自公布之日起实行，现行文件中与本办法相冲突的，以本办法为准。

教育部关于加强高校网络教育学院管理提高教育质量的若干意见

各省、自治区、直辖市教育厅（教委），新疆生产建设兵团教委，各网络教育试点高等学校：

随着信息技术的高速发展和广泛应用，我国高校网络教育迅速兴起，并取得了长足发展。从1999年开始迄今，已有67所高等学校开展了网络教育试点工作，注册学生近百万，高校网络教育已经形成一定规模，并且开发使用了大量的多媒体教学资源，逐步形成了网络环境下的教学与管理方式，同时吸引了大量社会资金投入网络教育，促进了高校信息化建设。但是，在发展过程中也出现了一些不容忽视的问题，如少数试点高校思想观念不适应，管理制度不健全，办学条件相对滞后，优秀教育资源相对缺乏，特别是个别试点高校严重违规办学，影响了高校网络教育的正常秩序。为规范高校网络教育学院的办学行为，促进网络教育的健康发展，保证办学质量，维护学习者的合法权益，特提出如下意见：

一、提高认识，进一步明确高校网络教育学院的主要任务

各级教育行政部门和试点高校要从实践"三个代表"重要思想的高度，充分认识发展网络教育的重要意义，进一步明确高校网络教育学院的主要任务，积极发展、规范管理，实现现代远程教育的快速、健康和可持续发展。

高校网络教育学院要以在职人员的继续教育为主。要减少并停止招收全日制高中起点普通本专科网络教育学生。要充分发挥网络教育的优势，为在职人员更新知识、增强技能、不断学习、不断提供良好服务；既要积极开展学历教育，又要积极开展职业资格证书教育、岗位培训及其它继续教育。各试点高校要积极探索和总结网络教育的基本规律，积极推进网络教育和成人高等教育、各级各类继续教育的结合，促进我国网络化、开放式终身教育体育的形成。

二、采取切实有效措施，保证网络教育学院的教学质量

质量是网络教育可持续发展的重要保证。各试点高校要根据实际情况，尽快建立本校的网络教育质量标准，并按照本校制定的质量标准，从严管理，保证网络教育学院的教学质量。

1、规范招生工作管理

各试点高校要健全招生制度，严格招生工作各环节的管理，保证生源的基本质量，切实把好入口关。对网络教育招生计划、招生章程和宣传广告，试点高校要统一管理，并报生源所在地的省级教育行政部门核准。试点高校和校外学习中心发布的招生信息必须实事求是，不得发布虚假信息误导社会。

试点高校网络教育招生，可以委托省级高招办组织招生录取工作。经我部批准的远程教育公共服务体系和教育行政部门核准的校外学习中心，在试点高校的统一安排下可以配合开展招生宣传工作，但不能自行招收学生，不能自行发布招生广告。除试点高校和省级高招办以外的其他任何单位

中国大学网络教育新生读本

和个人均不得以组织网络学历教育的招生工作。

2、加强教学过程管理

试点高校要根据科技、经济和社会发展的重要，结合网络教育的特点，科学制定并不断改进课程设置和教学内容。要采取措施，确保网络课程达到教学基本要求。要使用高质量的网络课件、资源库、试题库、教学平台、课件制作工具等开展教学。要采取措施保证实践环节的教学质量。要加强师资队伍建设，激励优秀教师主持网络课程，保证授课质量。

试点高校要加强学生学习过程的指导和服务，要利用网络技术和专兼职教师逐步建立和实施导学制度，保证每位学生都有指导教师及时提供指导和服务。试点高校要对参加导学制度的指导教师提供培训和管理。

3、严格考试管理

试点高校要加强学生的思想政治工作和全面素质教育，营造健康向上的学习氛围，弘扬努力学习、刻苦拼搏的精神，树立刻苦勤奋的学习风气。要严格按照教学基本要求，组织实施各个教学环节的考试、考核和考察。要严肃考试纪律，严格评分标准，坚决杜绝考试作弊现象。对于违反纪律的人员，要按照有关规定严肃处理。

4、加强教学管理制度建设

试点高校的教学管理制度要体现网络教育的特点，实行弹性学制和完全学分制，允许学生重修和延长修业年限，允许学生按照个个性化的学习计划完成学校规定的学分。对于只修完单科课程的学生，试点高校应颁发单科课程学分证书。

试点高校应转变观念，逐步实施和完善各自的学分认可制度，主动共享其它高校的优秀教育资源。

三、加强远程教育公共服务体系建设，促进资源共享，提高校外教学支持服务水平

为促进资源共享，提高网络教育服务质量，我部支持建设远程教育公共服务体系，为试点高校开展网络教育提供上机环境、技术支持、资源建设、学生管理、考务管理等教学支持服务。

建设远程教育公共服务体系需经过我部审批。省级教育行政部门对远程教育公共服务体系或试点高校设在本地的学习中心，要根据教育部制定的学习中心设置条件进行核准和管理（文另发）。

对本校设立的校外学习中心，试点高校要切实履行管理和监督责任，保证校外学习中心的服务质量。我部鼓励试点高校使用远程教育公共服务体系，并逐步向主要委托远程教育公共服务体系提供校外教学支持服务过渡。

各省级教育行政部门要按照教高厅［2002］1号文件规定，积极支持试点高校和远程教育公共服务体系在本地区设置校外学习中心。要规范管理，加强日常监控，组织年度检查，并将检查结果报我部。检查结果将作为高校网络教育学院年报年检的重要依据之一。

四、健全网络教育学院年报年检制度，加强质量监控

为全面了解和掌握网络教育的发展状况和教育质量，我部建立高校网络教育学院年报和年检制度。各试点高校每年须根据我部公布的年度检查要点，开展自我检查，并形成自评报告报我部。我部将结合学校自评报告和省级教育行政部门对校外学习中心的年度检查结果等进行抽查和综合评估，并对发现的问题给予相应的处理。我部还将适时开始对试点高校网络教育学院进行评估。

五、推动优秀教育资源向西部输送，促进西部教育质量提高

支持西部教育是所有试点高校应尽的责任和义务。试点高校要尽可能创造条件在西部地区的地级以上城市设置校外学习中心，并在收费标准上给予优惠。

西部各省级教育行政部门要对试点高校在当地建设校外学习中心给予积极支持和指导，根据当地的人才需求和生源情况，制订相应规划，引导网络教育校外学习中心合理布局，使其覆盖所有地级以上城市。

六、加强网络教育学院管理，促进网络教育健康发展

未经我部批准，各级各类高等学校不能自行举办网络教育学历教育。经我部批准的试点普通高校，网络学历教育工作必须归口到一个专门从事远程教育的学院进行，其他院系不能以网络学历教育的名义和方式自行招生办学。各试点高校要严格办学纪律确保办学质量和声誉。试点高校要按照我部的有关规定，加强对网络传输平台的管理，严格审查和监督传输内容，并采取有效措施监控传输过程，确保信息安全。

各地教育行政部门和试点高校要从维护稳定的高度，重视研究和解决网络教育中出现的各种问题。要狠抓管理，健全制度，采取切实可行的措施，查隐患，定预案，保稳定。对于试点工作中出现的重要情况和问题，请及时报告我部。

教育部

二〇〇二年七月八日

中国大学网络教育新生读本

教育部办公厅关于进一步加强高校网络教育规范管理的通知

教高厅〔2006〕1 号

各省、自治区、直辖市教育厅（教委），新疆生产建设兵团教育局，各现代远程教育试点高校：

自开展现代远程教育试点（以下简称试点）工作以来，网络教育发展迅速，已成为我国高等教育的重要组成部分。试点高校在办学模式、教学模式、技术模式、管理模式和运行机制等方面进行了有益实践和探索，特别是在优质资源建设与共享、学习支持服务及体系建设、质量管理等方面开展了卓有成效的工作，取得了许多有价值的经验和成果。但是，在发展过程中还存在一些不容忽视的问题，如少数试点高校的办学定位不明确、对网络教育学生思想政治工作薄弱、个别试点高校违规招生、虚假承诺等。为了进一步加强对试点高校网络教育的规范管理，实现网络教育健康、有序和可持续发展，现将有关要求通知如下：

一、试点高校要进一步认识发展网络教育的重要意义。积极发展网络教育是推动教育信息化、实现教育公平和教育普及、构建国家终身教育体系和学习型社会的有效途径。试点高校要以科学发展观为指导，正确处理好规模、质量、结构、效益的关系，统筹网络教育和其他各类教育的协调发展。

二、试点高校要进一步明确网络教育的发展定位。网络教育定位为非全日制教育，主要面向在职人员开展网络高等学历教育和职业资格证书教育、岗位培训及其他非学历培训等各种形式的继续教育。试点高校要结合学校自身的定位、特色和学科优势，科学合理地确定办学类型、层次和专业。

三、试点高校要切实加强对网络教育的领导和规范管理。要重视网络教育的发展与规范办学，把网络教育纳入学校的总体发展规划，完善网络教育的管理体系。特别要规范招生、教学、考试、学籍、证书发放等各个环节的管理以及加强对校外学习中心的监管。要及时解决教学和管理工作中出现的新情况、新问题，确保高校稳定和网络教育的可持续发展。

四、试点高校要严格执行我部已出台的网络教育毕业生学历文凭和就业政策。网络教育的学历文凭是国家予以承认的学历文凭，有关单位要按照《教育部关于当前加强高等学校学历文凭证书规范管理的通知》（教学〔2002〕15 号）要求，严格规范学历文凭的填写、审核、发放与管理。继续认真贯彻落实《教育部办公厅关于现代远程教育试点学校网络教育毕业生就业工作有关问题的意见》（教学厅〔2004〕4 号），对符合文件规定的网络教育学生，可发放"ＸＸ省（自治区、直辖市）高等学校毕业生就业报到证"，如跨省（区、市）就业，根据毕业生与用人单位签订的就业协议书，学校可向当地省级高校毕业生就业主管部门申请，经审核可发《全国普通高校毕业生就业报到证》并需在备注栏注明"网络教育"字样。

五、试点高校要明确与校外学习中心和公共服务体系的职责关系，共同完善网络教育教学过程管理体系。试点高校不得以任何形式转移专业和课程设置、招生录取、考试命题和评阅、论文答辩、毕业和学位资格审核等办学职责和权利。

六、试点高校要全面清理网络教育发展过程中有关问题。要严格依照我部相关文件规定，全面清理从2000—2005年网络教育在招生、培养、毕业等方面有关遗留、违规办学、不规范承诺和管理的问题，系统研究和制定对策措施及切实可行的应急预案。对于已出现的问题，试点高校领导要高度重视，并配备强有力的工作班子，及时妥善处理，确保稳定。

七、试点高校要高度重视网络教育的稳定问题。根据我部有关文件要求，试点高校应进一步明确学校是稳定工作和责任的主体，高度重视并切实做好稳定工作。要充分发挥学校党团组织、各有关部门和学生组织的作用，密切注视网络教育学生的思想动态，并采取切实可行的措施严格学生管理和做好思想政治工作，把可能出现的各种不利于稳定的因素消灭在萌芽状态，保证正常教学工作秩序。

八、各地教育行政部门和试点高校要从维护稳定的高度，重视研究网络教育中出现的各种问题，要狠抓管理，健全制度。要认真清理和严肃查处网络教育违规招生、违规设点和虚假承诺问题。对出现严重问题的试点高校，要追究有关领导和相关负责人的责任。要采取切实可行的措施，实现网络教育健康、有序和可持续发展。

接到本通知后，试点高校党政一把手要尽快召开专题会议，落实上述要求。请各试点高校将落实情况和处理意见等于2006年3月10日前以学校名义用书面和电子邮件形式报我部高等教育司备案。

教育部办公厅
二〇〇六年二月七日

中国大学网络教育新生读本

教育部办公厅关于对现代远程教育试点高校网络教育学院开展2006年度、2007年度年报年检工作的通知

各省、自治区、直辖市教育厅（教委），新疆生产建设兵团教育局，各现代远程教育试点高校：

为了规范现代远程教育试点高校（以下简称试点高校）网络教育学院的办学行为，加强对网络教育的质量监管，推进网络教育管理的信息化，实现网络教育健康、有序和可持续发展，我部继续对试点高校网络教育学院实行年报年检制度。现将2006年度、2007年度年报年检工作有关事项通知如下：

一、年报年检对象为67所现代远程教育试点普通高校、中央广播电视大学（以下简称中央电大）"人才培养模式改革和开放教育试点"（以下简称"开放教育试点"）项目和中央电大现代远程教育公共服务体系。省级及以下电大"开放教育试点"项目的年报年检工作由中央电大负责组织实施，年报数据和自检报告由中央电大汇总后统一报送。对中央电大现代远程教育公共服务体系的年报年检工作要求另行通知。

二、各试点高校要贯彻落实我部有关文件精神，按照《教育部对现代远程教育试点高校网络教育学院开展2006年度、2007年度年报年检工作的实施意见》（见附件1）和《现代远程教育试点高校网络教育学院年度工作自查要点》（以下简称《自查要点》，见附件2）的要求，加强自查和自检工作，特别要加大对违规招生、考试作弊和校外学习中心管理不规范等问题的自我查处力度。要认真如实填报《现代远程教育试点高校网络教育学院基本情况年度统计表》（见附件3），做好年度数据统计分析并形成年度工作自检报告。

三、各省级教育行政部门要按照《教育部办公厅关于印发〈现代远程教育校外学习中心（点）暂行管理办法〉的通知》（教高厅[2003]2号）的要求，做好现代远程教育校外学习中心（点）（包括中央电大现代远程教育公共服务体系所建设的校外学习中心（点），以下简称校外学习中心）的检查评估工作，并于2007年年底前将检查评估结果报送我部；各试点高校要按照生源所在地的省级教育行政部门的要求，按时报送校外学习中心的年度检查评估材料，接受省级教育行政部门对校外学习中心的检查评估。

四、2006年度、2007年度的年检工作合并进行。我部将根据工作需要对试点高校网络教育学院进行专项检查和抽查，如发现有不实或者造假等问题，将严肃处理。

五、我部采用信息化手段开展年报年检工作，通过高等学校网络教育质量监管系统（网址：http://wljy.moe.edu.cn/，以下简称监管系统）实现年报年检的网上申报、自动统计分析和网上年检，并以年报数据为基础建立网络教育基本状态数据库，为网络教育招生备案、统考管理、电子注册、教学评估、校外学习中心管理、网络教育资源标准化注册与管理及日常工作的信息化管理服务。各试点高校和省级教育行政部门要按照有关要求，认真做好监管系统的使用与管理。

六、2006年度、2007年度年报数据统计起始日期为当年1月1日，截止日期为当年12月31日。2006年度年报数据和自检报告于2007年10月1日前、2007年度年报数据和自检报告于2008年4月1日前通过监管系统报送（填报说明见附件4），同时以书面形式报送我部高教司远程与继续教育处和试点高校所在地的省级教育行政部门备案。逾期不报的试点高校将视为拒绝参加年报年检工作。

附件：1. 教育部对现代远程教育试点高校网络教育学院开展2006年度、2007年度年报年检工作的实施意见

2. 现代远程教育试点高校网络教育学院年度工作自查要点

3. 现代远程教育试点高校网络教育学院基本情况年度统计表

4. 现代远程教育试点高校网络教育年报数据统计表填报说明

教育部办公厅
二〇〇七年八月二十二日

附件1：教育部对现代远程教育试点高校网络教育学院开展2006年度、2007年度年报年检工作的实施意见

为了规范现代远程教育试点高校（以下简称试点高校）网络教育学院的办学行为，加强对网络教育的质量监管，推进网络教育管理的信息化，实现网络教育健康、有序和可持续发展，教育部继续对试点高校网络教育学院实行年报年检制度，2006年度、2007年度年报年检工作的实施意见如下：

一、年报年检对象为67所现代远程教育试点普通高校、中央广播电视大学（以下简称中央电大）"人才培养模式改革和开放教育试点"（以下简称"开放教育试点"）项目和中央电大现代远程教育公共服务体系。省级及以下电大"开放教育试点"项目的年报年检工作由中央电大负责组织实施，年报数据和自检报告由中央电大汇总后统一报送。对中央电大现代远程教育公共服务体系的年报年检工作要求另行通知。

二、年报年检包括学校自检、年报、抽查和年检四个工作步骤：

1. 学校自检是试点高校根据教育部《现代远程教育试点高校网络教育学院年度工作自查要点》（以下简称《自查要点》）的要求进行自查，并填写《现代远程教育试点高校网络教育学院基本情况年度统计表》（以下简称《统计表》），进行年度统计分析。中央电大要对省级及以下电大"开放教育试点"项目参与单位和中央电大现代远程教育公共服务体系进行自检。

2. 年报包括学校自检报告和数据报表。试点高校应根据教育部《自查要点》的要求，进行自查和年度统计分析后形成年度工作自检报告，由试点高校行文报送教育部高教司远程与继续教育处，同时通过高等学校网络教育质量监管系统（以下简称监管系统）报送；通过监管系统填报《统计表》，并按要求打印报送相应表格。

3. 抽查是对试点高校网络教育进行的专项实地抽查。根据年报年检反映的情况，教育部将组织专家对有关试点高校的网络教育进行实地检查；省级教育行政部门将对试点高校现代远程教育校外学习中心（点）和中央电大现代远程教育公共服务体系所设的校外学习中心（点）（以下简称校外学习中心）的有关问题进行实地检查。

4. 年检是教育部组织专家组根据各试点高校的年度自检报告、教育部的抽查结果和省级教育行政部门对校外学习中心的年度检查评估或抽查的结果，对试点高校网络教育进行的年度综合审查。年检结果由教育部审核批准、公布，各试点高校应认真按教育部公布的年检反馈意见进行整改，并

将整改措施报送教育部。2006 年度、2007 年度的年检工作合并进行。

三、年检结果分为合格和不合格两种。

1．试点高校的年检结果，出现下列情况之一为不合格:

(1) 试点高校的网络教育存在违规办学行为或其他严重问题，社会和学生反应强烈;

(2) 教学质量低下，教学环节及教学管理严重不到位，教学计划不符合人才培养规格的要求;

(3) 无正当理由，未在规定期限内上报年报材料;年报年检内容严重失实;拒绝参与年报年检。

2．对于年检结果为不合格的试点高校，教育部将组织复查，并根据存在问题的严重程度分别予以下列处理:

(1) 责令试点高校暂停在部分校外学习中心的招生，并进行整改，经复查合格后方可恢复招生;

(2) 责令试点高校暂停部分网络教育专业的招生，并进行整改，经复查合格后方可恢复招生;

(3) 责令试点高校停止网络教育招生一年及一年以上，并进行整改，经复查合格后方可恢复招生;

(4) 取消学校的现代远程教育试点资格。

3．年检结果合格的试点高校，继续按照教育部要求开展现代远程教育试点工作。

附件 2: 现代远程教育试点高校网络教育学院年度工作自查要点

一、学校对网络教育的定位、管理体制和办学条件

1.1 学校对网络教育的定位、指导思想及校内的管理体制;

1.2 学校在规范办学和加强教育质量管理上与上年度相比有何新举措和进展;本年度学校在网络教育管理方面的各项规章制度（列出名称并提供附件）;

1.3 以校企合作方式举办网络教育的试点高校，说明合作的形式和内容;

1.4 网络教育机构的硬件条件（包括局域网、各类服务器、Internet 带宽）及有关数据（累计、新增）;分析说明是否满足教学需求;分析说明招生规模与本校网络教育教学支持服务水平是否相当;规模、效益、质量三者协调发展的具体措施;

1.5 网络教育机构的专职管理队伍、开发队伍和课件制作队伍的基本情况和培训情况;

1.6 网络教育机构的师资配备情况和师资培训情况（包括师资来源、专职师资比例等）;指导教师和学生的比例，具体说明教师数是否可以满足学生的学习需求;

1.7 资金来源及收费情况（包括学校投入、自筹资金以及吸收社会资金情况及比例;学费收取标准和相关政策，提供物价部门各类收费的批准文件）。

二、招生管理

2.1 本年度学校网络教育的招生对象、招生专业和层次、招生方式、招生地域、招生政策、自主考试课程情况，给出每种招生方式的具体录取办法、录取条件和录取比例;

2.2 招生简章和招生宣传审批程序(包括试点高校自身的和校外学习中心协助招生宣传的审批程序和宣传内容)，学校对招生宣传的真实性的检查措施和落实情况;

2.3 试点高校与校外学习中心在招生、录取工作中的职责分工及管理办法;

2.4 新生入学资格审核和学籍建档情况。

三、考试管理

3.1 加强考风考纪和规范考试工作方面的新举措;考试违纪的查处情况（参考人次、考试违纪人次、比例、情况分析）;

3.2 课程考试与监考方式，考试地点的设置原则、条件（附本年度历次考试的考点数及监考、巡考人员数）；学校派出巡考人员的原则和比例；

3.3 课程考试及格率情况（按课程类型进行说明），并作分析，提出进一步提高教学质量的措施；

3.4 学习过程中形成性考试的情况（说明考试时间、次数、科目、评价标准、评价手段，评价方式和措施）；

3.5 参加网络教育全国统考的人数、门次及合格率。

四、教学与教学管理

4.1 培养目标的确定和教学计划的落实情况(说明各专业和层次达到毕业要求的学分数及相应的课程数)；

4.2 教学环节（授课、辅导、答疑、作业、自学、考试、论文、实验和实践环节等）的设计与实施；

4.3 教学过程中采用媒体手段的种类、组合方式，及其促进师生交互，保证学生学习质量的使用情况、措施和效果（说明主要媒体形式在教学中的使用情况及覆盖面）；

4.4 针对网络教育的教学改革和创新；鼓励教师参加网络教育教学的政策和措施；鼓励和引导学生网上学习，充分利用多媒体资源的措施和办法；

4.5 教学效果评价的措施、标准和办法；学生学习过程和学习结果评价的措施、标准和办法；本校建设网络教育质量保障体系的进展情况；

4.6 适应素质教育和网络教育统考要求，如何加强公共基础课教学、提高教学质量和学生综合素质；

4.7 对学生各类实验和实践性课程的学习支持服务的具体措施和办法；保证毕业论文（设计、实践）质量的措施和办法，毕业论文答辩方式，指导教师与学生的比例。

五、教学资源的建设与共享

5.1 教学资源的类型和数量（包括媒体组成类型和数量、远程教育课程包括的类型与数量等）；网络课程资源的建设标准；优质网络课程资源的种类、数量和使用效果；网络教育精品课程建设的计划、措施和效果；

5.2 学校鼓励教师参与教学资源建设的相关政策和措施；

5.3 校内及校外的课程互选、学分互认、优质资源共建共享（包括非学历教育）的规划、现状与进展；网络课程课件等教学资源在校内教学中的利用情况；

5.4 教学资源建设的投入力度、开发方式（校内自主开发、合作开发、委托开发、资源引进等有关情况）、比例；教学资源的更新和再开发情况；教学资源库建设情况；

5.5 学校网络教育平台、教学与管理系统、网络教育网站的建设及完善情况。

六、学习支持服务

6.1 如何在网络教育中体现以人为本，更好地为学生服务；对学生参加网络教育学习的指导、引导和培训情况；

6.2 对学生学习的技术支持服务情况（包括注册、缴费、选课、作业提交、答疑、互动和考试考查）；设备及网络环境的服务情况；

6.3 对学生的教学资源服务，包括资源的类型（传统资源和网络多媒体资源、课件、案例库、习题库、自测题、模拟实验、电子图书等类型）、提供方式、到位率、适应性、针对性和便捷性、各类资源综合配置的合理性等）；

6.4 对学生的信息服务和咨询服务，对学生及其学习状况的了解掌握、关注和有针对性的共性和个性化的服务情况，对学生意见处理和反馈制度及措施；

6.5网络教育环境下的校园文化建设、对学生的人文关怀、学生思想工作、学风建设及提高学生综合素质的具体措施和效果。

七、校外学习中心的管理

7.1校外学习中心设立和运行中标准的把握和执行情况,(包括资质、社会环境、软件、硬件、人力资源以及学生规模、招生专业变化后的标准把握和执行情况等);

7.2本年度校外学习中心的设置变更情况(如新增、本年度不招生、停止招生、撤消等),已有校外学习中心根据实际需求在设施、管理等方面取得的新进展;对未获审批的校外学习中心的处理措施、关停并转办法,妥善安置和转移在学学生的办法;

7.3试点高校校外学习中心的布局和审批情况;对校外学习中心的监控、管理和服务情况;对校外学习中心管理的制度性文件的制定和实施情况;考核、检查、评估及人员培训情况;

7.4依托我部批准的现代远程教育公共服务体系建设的校外学习中心的现状(中心数、专业数、学生数、支持服务情况、存在问题、分析与建议等),以及学校的管理和服务情况;

7.5试点高校对校外学习中心违规招生、收费以及管理不规范等问题的查处情况;

7.6校外学习中心对学生的思想教育与管理措施。

八、毕业资格审定及学位授予情况

8.1毕业条件及毕业资格审查程序;本科学历文凭电子注册执行统考政策的情况(有无未取得统考合格成绩而为其进行学历文凭电子注册);

8.2学位授予条件及资格审查程序;学位授予率情况;

8.3已颁发和拟颁发的学历教育毕业证书的填写内容(附样本复印件)、电子注册中办学类型代码和发放程序,学位证书的类型(附样本复印件)及发放程序;

8.4毕业生的质量、社会反馈及评价情况。

九、非学历教育办学情况

9.1各级各类远程非学历教育培训人数、规模、培训项目与课程设置、课时或学时数;

9.2培训方式(含教学、管理及学习方式);平台功能、系统结构及网络状况;面向行业、地区的培训情况;

9.3主要成效及社会反映。

十、面向西部和农村的办学及其他教育服务情况

10.1学校在推动西部和农村教育方面的现状与进展(包括专业设置、学习中心布局、招生对象与规模、有针对性的资源建设及共建共享机制等);

10.2学校在推动西部和农村教育的有关政策及配套措施的落实情况;

10.3主要成效及社会反映。

十一、办学特色与改革创新

11.1本校在网络教育方面突出的办学优势和特色,主要成就与经验;

11.2本校对上年度存在问题所采取的改进措施;本年度试点工作的突出进展和重点解决的问题;

11.3本校在网络教育方面的主要改革与创新点。

十二、2007年的工作重点与思路

12.1工作重点与目标;

12.2工作基本思路与措施。

十三、主管校长签名、学校盖章

关于2008年度网络教育精品课程建设与申报工作的通知

教高司函 [2008] 94号

各现代远程教育试点普通高校，中央广播电视大学：

按照《关于做好2008年度高等学校本科教学质量与教学改革工程项目申报工作的通知》（教高司函 [2008] 82号）安排，现就2008年度网络教育精品课程建设与申报工作的有关事宜通知如下：

一、指导思想

开展网络教育精品课程建设，有利于进一步巩固现代远程教育试点工作成果，推进高水平网络教育课程的建设，促进高水平网络教育资源的整合与共享，推动网络教育的发展、改革和创新，提高网络教育教学质量和人才培养质量，促进终身教育体系和学习型社会的建设。

网络教育精品课程是具有一流教师队伍、一流教学内容、一流教学方法、一流资源和教材、一流教学管理和支持服务等特点和网络教育特色的示范性课程。要体现应用型人才培养目标，符合科学性、先进性及网络教育规律和教学改革的方向，适合于在职从业人员业余学习和终身学习，并能恰当运用现代教育技术、方法与手段，学习支持服务到位，教学效果显著，具有示范、辐射和共享的作用。试点高校要高度重视网络教育精品课程的建设工作，认真规划，精心组织，切实加大投入和保障，保证网络教育精品课程的可持续发展。要重点抓好以下七个方面的工作：

1. 科学规划网络教育精品课程的建设。试点高校要充分认识网络教育精品课程建设的意义，不断更新远程教育教学理念，根据我部有关课程建设规范的要求，结合学校自身的定位、特色和学科优势，科学合理地规划和认真组织网络教育精品课程建设工作，以精品课程建设带动其他课程建设，提高网络教育整体教学水平，确保人才培养质量。

2. 切实加强教学队伍建设。试点高校要支持和鼓励校内外的知名教授担任主讲教师，选派本校本学科学术水平高、教学经验丰富的教师担任课程负责人，逐步形成一支包括教学、辅导、研究、设计和技术等人员，结构合理、人员稳定、教学水平高、教学效果好、资源设计和制作能力强的精品课程建设团队。

3. 重视教学内容和课程体系改革。试点高校要准确定位网络教育的地位和作用，以应用型人才为培养目标，根据成人业余学习的特点正确处理教学内容的实用性与知识体系的系统性的关系，正确处理理论基础知识、学科前沿知识和实践应用知识结合的关系，探索网络教育的特点和规律，建立适合于在职从业人员业余学习和终身学习的人才培养模式，体现学习型社会的新要求。

4. 使用先进的教学方法和手段。试点高校要重视课程设计，合理运用现代信息技术，改革传统的教学思想观念、教学方法、教学手段和教学管理。要以学生为中心设计学习活动、开发学习资源，根据学科内容选择恰当的媒体形式，根据学生的学习条件差异提供多种形式的学习资源和传播方式。运用多种方式、多种手段对学生的学习活动进行指导，提供支持学生网上自主学习和协作学习的条

中国大学网络教育新生读本

件，激发学生的学习积极性和主动性。

5.重视立体化教材和数字化学习资源建设。试点高校要重视多种媒体教学资源的一体化设计，要加强纸质教材和网络课件等立体化教材的建设。数字化资源所采用的媒体要适当，所运用的技术应遵循相关标准规范。

6.提供优质的学习支持服务。试点高校要灵活运用多种导学策略，设计多样性的学习活动，为学生提供全方位、多层次的学习支持服务，切实提高服务水平，促进学生创新能力发展与知识技能的提高。

7.建立切实有效的激励和评价机制。试点高校要采取切实措施，鼓励教师、教学管理人员和其他有关人员积极参与精品课程建设，对网络教育精品课程建设参与人员给予相应的奖励。要建立健全精品课程评价体系，建立学生评教制度，促使精品课程建设不断发展。

二、申报要求

1.申报课程要兼顾公共基础课、专业基础课与专业课，在高校网络教育中连续开设三年以上，且目前仍在使用；课程学时数不少于30学时，每年至少开课一次，每次选修学生不少于100人。

2.课程负责人的条件与要求：

（1）课程负责人要由本校教师担任，本科课程的负责人要求具有正高级职称；

（2）课程负责人要具有本课程相同学科的学术背景，且是课程主讲教师之一；

（3）课程负责人应是课程及教学资源建设的主要设计者和教学过程的组织实施者等；

（4）课程负责人要负责组织课程资源的及时更新和应用等。

3.申报课程要求已在网络教育年报年检时上报或已在中国现代远程与继续教育网进行目录注册，并在学校课程网站上提供该课程的教学大纲、网络课件（能够支持学生网上自主学习的多媒体教学内容）、习题、实践（实验、实训、实习）指导、参考文献目录等材料，并为学生提供远程教学支持服务。

4.申报课程不得同时申报本科精品课程和网络教育精品课程；同一课程负责人只能申报一门课程；已被评为网络教育精品课程的课程负责人原则上不能再申报。

5.申报课程被评为网络教育精品课程后，要保证课程网站畅通，不断更新和维护上网内容，免费对外开放。高等学校本科教学质量与教学改革工程（以下简称质量工程）将为网络教育精品课程投入建设和维护补助经费，质量工程领导小组办公室（以下简称质量办）将对课程运行情况进行检查，并推进网络教育资源共享平台建设，鼓励学校之间利用网络教育精品课程建立学分互认的共享机制。

三、申报限额

2008年度计划评审产生50门网络教育精品课程。试点普通高校每校申报课程最多不超过3门；中央广播电视大学（以下简称中央电大）及各省级电大参评课程由中央电大统一申报并排序，申报课程共计不超过40门。超额申报不受理。

四、申报程序

1.网络教育精品课程评审工作由质量办组织，具体工作委托教育部现代远程教育资源建设委员会办公室（以下简称资源办）承担。

2.申报学校确定一名联系人，负责网络教育精品课程建设和申报工作的行政联系、组织及材料报送等工作。联系人个人信息于5月20日前用电子邮件报我司远程与继续教育处（电子信箱：dce1@moe.edu.cn）。

3．申报学校据实填写"2008年度网络教育精品课程申报表"（以下简称申报表），并于截止日期前上报。逾期将被视为放弃申报。

4．申报学校登陆中国远程与继续教育网（2008年度网络教育精品课程建设与申报工作专栏），将上报信息录入后通过互联网申报。同时，生成文字版申报材料，以公文格式报我司远程与继续教育处（一份）。申报时，还应提供包括文字（教材、教学辅导用书等）、音频视频（数字教学资源等）等多种媒体形式的教学材料（教学包，一份）。

首次登录中国远程与继续教育网所使用的帐号和密码分别是申报学校联系人的姓名和身份证号码的后6位。登录后可以查询到分配给申报学校的多个用户名和密码，可以由课程负责人分别申报。

5．申报系统的开启时间为2008年5月31日，申报截止时间为2008年6月15日。

五、其他

1．2008年度网络教育精品课程评审采用网上初评、会议终审、网上公示的方式进行。申报学校自课程申报之日起至本年度评审工作结束期间，要保证申报课程网站的正常运转，保证评审专家可以通过授权审看课程教学内容及相关教学资源、学习过程及支持服务过程信息等。凡因申报课程所在学校原因导致评审专家无法正常浏览课程内容，且评审期内经提醒不能解决问题的，将视为不具备申报条件，自动放弃参评资格。

2．2008年度网络教育精品课程评审还要求各门课程提供开放的学习资源链接，无需用户名和密码可以直接登录，便于各单位观摩交流。

3．填写申报表时，重要的内容要求举证。

4．网络教育精品课程建设与申报工作的相关内容可以从全国高等学校教学精品课程建设工作网页（网址：http://www.jpkcnet.com/）和中国远程与继续教育网（网址：http://www.cdce.cn）查询。

5．教育部高教司远程与继续教育处联系电话：010-66097822或66096266，联系人：杨华杰（通信地址：北京西单大木仓胡同37号，100816）；资源办联系电话：010-51686477；中国现代远程与继续教育网技术支持联系电话：010-59831366转8030。

附件：1. 2008年度网络教育精品课程评审指标
2. 2008年度网络教育精品课程申报表
3. 2008年度网络教育精品课程建设与申报工作联系人信息表
4. 2008年度网络教育精品课程申报汇总表

教育部高等教育司
二○○八年四月三十日

附件1：2008年度网络教育精品课程评审指标

一、评审指标说明

1．本评审指标根据《教育部关于启动高等学校教学质量与教学改革工程精品课程建设工作的通知》（教高〔2003〕1号）、《教育部、财政部关于实施高等学校本科教学质量与教学改革工程的意见》（教高〔2007〕1号）和《教育部关于进一步深化本科教学改革全面提高教学质量的若干意见》（教高〔2007〕2号）等文件精神制定。

2．网络教育精品课程是具有一流教师队伍、一流教学内容、一流教学方法、一流资源和教材、一流教学管理和支持服务等特点和网络教育特色的示范性课程。要体现应用型人才培养目标，符合科学性、先进性及网络教育规律和教学改革的方向，适合于在职从业人员业余学习和终身学习，并能恰当运用现代教育技术、方法与手段，学习支持服务到位，教学效果显著，具有示范、辐射和共享的作用。

3．开展网络教育精品课程建设，旨在巩固现代远程教育试点工作成果，进一步推进高水平网络教育课程的建设，促进高水平网络教育资源的整合与共享，推动网络教育的发展、改革和创新，提高网络教育教学质量和人才培养质量，促进终身教育体系和学习型社会的建设。现代远程教育开展网络教育精品课程建设，要制订科学的建设规划、切实加强教学队伍建设、重视教学内容和课程体系改革、注重使用先进的教学方法和手段、重视立体化教材和数字化学习资源建设、提供优质的学习支持服务、建立切实有效的激励和评价机制等。

4．本指标采取定量评价与定性评价相结合的方法，以提高评价结果的可靠性与可比性。评审方案分为综合评审与特色及政策支持两部分，采用百分制记分，其中综合评审占80%，特色及政策支持占20%。前六项一级指标为综合评审部分。

5．总分计算：$M = \Sigma K_i M_i$，其中K_i为评分等级系数，A、B、C、D、E的系数分别为1.0、0.8、0.6、0.4、0.2，M_i是各二级指标分值。

二、评审指标内涵

一级指标	二级指标	主要观测点	评审标准	分值 M_i	评价等级（K_i）				
					A	B	C	D	E
					1.0	0.8	0.6	0.4	0.2
一 教学理念与课程设计 10分	1-1 教学指导思想	指导思想	能够根据远程教育规律、成人业余学习特点、自主学习需要及网上学习支持要求进行教学整体设计	5					
	1-2 课程总体设计	课程目标、内容与学习资源、学习活动、学习评价	能够根据专业特点及学生层次制定课程目标；根据课程目标及应用型人才培养要求选取学习内容、开发学习资源；以学生为中心设计学习活动；合理运用多种学习评价方式	5					
二 教师队伍 15分	2-1 课程负责人与主讲教师	学术水平、教师风范	课程负责人与主讲教师具有与课程相关的深厚专业背景，教学经验丰富，教学能力强，学术水平高；师德好	5					
	2-2 队伍结构	人员配置、知识结构	教学、设计、技术等人员配置齐全；结构合理	5					
	2-3 教学研究与从业经验	教学经验、研究成果	主要人员具有丰富的网络教学和课程建设经验；有相关教学、科研论文和成果	5					
	3-1 教学内容	规范性、知识覆盖面、适用性、扩展性	教学内容符合课程目标要求，知识结构合理；知识点覆盖面达到了课程定位的要求；教学内容呈现方式符合成人学习者特征；提供与教学内容相关的丰富的资源，形式多样	10					

一级 指标	二级 指标	主要 观测点	评审标准	分值 Mi	评价等级（Ki）				
					A	B	C	D	E
					1.0	0.8	0.6	0.4	0.2
三 教学 内容 与学 习资 源 24分	3-2 人机 交互	界面设计、 文字符号、 交互设计	页面布局合理，色彩搭配协调、页面信息量适度；文字精炼，表述准确，符号规范；导航清晰、明确，链接深度合理，并为学习提供讨论、交流的论坛，界面访问快捷	7					
	3-3 技术 特征	载体形式、 传递方式、 技术适当 性、遵循 标准	根据课程内容选择恰当的媒体形式和传播方式；通过一体化设计建设多种媒体有机结合的立体化教材，根据学生的学习条件差异提供多种形式的学习资源；媒体与技术运用适当、合理；遵循CELTS（China ELearning Technology Standardization）系列等相关标准	7					
四 学习 过程 管理 16分	4-1 学习 活动组织	学习目标、 多种策略 运用、活 动指导、 活动支持 条件	有明确的学习活动目标；能运用多种方式、多种手段开展学生的学习活动；有必要的指导，能为学生提供帮助；提供支持学生自主学习和协作学习的条件，并能激发学生的学习积极性和主动性，注重对学习能力的培养	8					
	4-2 学习 评价	评价手段、 反馈及时 性、学习 过程记录	能够根据课程特点采用作业、在线练习等多种评价方式，练习题或测试形式多样、题量充足；反馈及时；能记录学习和交互过程，并用于学习评价和教学研究；作业管理规范	4					
	4-3 实践 教学	实践活动 组织、实 践条件	根据课程要求和具体情况落实实践教学环节，提供实践方案或指导建议；提供相应的实践教学条件，采用信息技术促进实践教学	4					
五 学习 支持 服务 20分	5-1 服务 内容	学习支持 与技术支 持及人文 关怀	提供关于课程安排、课程内容答疑、资源使用、教学管理等与学习有关的支持服务及人文关怀	9					
	5-2 服务 人员	人员配备	配备素质较高的人员队伍，负责教学辅导、技术支持、学生管理与咨询等服务	4					
	5-3 途径 与保障	学习支持 服务的途 径、制度、 规范性	提供多种形式的服务；有相应的服务保障制度，反馈及时有效；并有服务记录	7					

一级指标	二级指标	主要观测点	评审标准	分值 Mi	评价等级（Ki）				
					A	B	C	D	E
					1.0	0.8	0.6	0.4	0.2
六 教学 效果 15分	6-1 学生反馈	成绩分布、学生对课程的反馈	学生成绩分布及合格率合理；学生通过网络对课程进行评价，评价材料真实可靠，满意度较高	5					
	6-2 作业评价	学生作业	学生根据课程特点通过网络或其他方式按时提交作业，学生作业完成情况及效果达到教学要求	5					
	6-3 同行及自我评价	评价、声誉、资源共享	证明材料真实可信，评价优秀，自我评价实事求是；有良好声誉；资源在校内或校外实现了共享	5					
特色及政策支持	本课程在学科、资源、内容、技术、服务、设计等方面体现课程整体教学理念与教学设计的特色			80					
	所在学校支持鼓励网络教育精品课程建设的政策措施得力			20					

第六篇

网院篇

北京大学网络教育学院

学院概况: 北京大学于2000年2月被教育部批准开展现代远程教育试点工作,目前已建立了73个校外学习中心,有学生39000人,其中校本部24000人,医学部15000人。
专业层次: 1、专业:(1)校本部:广告学、人力资源管理、法学、国际经济与贸易、金融学、市场营销、财务管理、风险管理与保险学、汉语言文学、行政管理、信息管理与信息系统、计算机科学与技术
    (2)医学网络教育:护理学、应用药学、卫生管理、医学信息管理、护理学、应用药学、医学信息管理
    2、层次:专科起点本科、高中起点专科(仅护理学、应用药学、医学信息管理专业)
网址: http://www.pkudl.cn   http://www.bytime.com.cn(医学部)

中国人民大学继续教育学院

学院概况: 中国人民大学于2000年7月被教育部批准开展现代远程教育试点工作,目前已建立了校外学习中心100余个,有学生4万余人。其所创办的"网上人大"是采用全业余、分散式网络教学模式的网上大学。
专业层次: 1、专业:金融学、会计学、国际经济与贸易、工商管理、市场营销、人力资源管理、财政学、法学、公共事业管理和汉语言文学
    2、层次:高中起点专科、高中起点本科、专科起点本科、本科第二学历
网址: http://www.cmr.com.cn("网上人大")

清华大学继续教育学院

学院概况: 清华大学于1999年3月被教育部批准开展现代远程教育试点工作。
非学历培训项目: 1、"清华远程教育扶贫"项目
    2、"清华远程企业学堂"项目
    3、与国家发改委合作启动:"512"工程
    4、面向司法与国防建设的培训项目
网址: http://www.sce.tsinghua.edu.cn

北京交通大学远程与继续教育学院

学院概况: 北京交通大学于2000年7月被教育部批准开展现代远程教育试点工作,到2009年1月,已建立了校外学习中心50余个,已有近5万名学生毕业,在校生3万余人。
专业层次: 1、专业:交通运输、公路工程与管理、公路交通与管理、土木工程、汽车工程、电气工程及其自动化、通信工程、计算机科学与技术、物流管理、法学、电子商务、工商管理、会计学等
    2、层次:高中起点专科、高中起点本科、专科起点本科
网址: http://dis.bjtu.edu.cn

北京航空航天大学现代远程教育学院

学院概况: 北京航空航天大学2002年2月被教育部批准开展现代远程教育试点工作,目前已在国内25个省、直辖市建立了200多个校外学习中心。
专业层次: 1、专业:计算机科学与技术、国际经济与贸易、工商管理、经济学、公共管理、教育管理、会计学、法学、土木工程、飞行器制造工程
    2、层次:专科起点本科、高中起点本科、高中起点专科
网址: http://www.beihangonline.com

北京理工大学远程教育学院

学院概况: 北京理工大学2000年7月被教育部批准开展现代远程教育试点工作,现有在校生18250人,已有毕业生7816人,其中1821人获得了学士学位。
专业层次: 1、专业:计算机科学与技术、会计学、工商管理、机械电子工程、法学、人力资源管理、汽车检测与维修技术、信息管理与信息系统、汽车服务工程(检测与维修技术方向)、项目管理
    2、层次:高中起点专科、高中起点本科、专科起点本科
网址: http://learn.bit.edu.cn

北京科技大学远程与成人教育学院

学院概况: 北京科技大学 2002 年 2 月被教育部批准开展现代远程教育试点工作，截至 2008 年底，已在全国 19 个省、市、自治区建立校外学习中心 36 个，在册学生达 15000 多人。
专业层次: 1、专业: 计算机科学与技术、工商管理、会计学、信息管理与信息系统、法学、冶金工程、机电工程、土木工程、国际贸易、国际经济与贸易、市场营销、艺术设计、工业工程、环境保护工程
　　2、层次: 专科起点本科、高中起点本科、高中起点专科
网址: http: //219.239.113.121

北京邮电大学网络教育学院

学院概况: 北京邮电大学 1999 年 3 月被教育部批准开展现代远程教育试点工作，目前已在全国 27 个省市建立了 29 个校外学习中心和函授教学总站，在读人数达 2 万余人。
专业层次: 1、专业: 通信工程、计算机科学与技术、市场营销、经济管理、工商管理、电子商务等
　　2、层次: 高中起点专科、专科起点本科
网址: http://www.buptnu.com.cn

中国农业大学网络教育学院

学院概况: 中国农业大学 2001 年 6 月被教育部批准开展现代远程教育试点工作，目前已建立了校外学习中心 60 余个，已经拥有主讲教师 200 多人，基本形成了"立体化课程"的教学资源库。
专业层次: 1、专业: 园林、动物医学、动物科学、食品质量与安全、土地资源管理、水利水电工程、水利水电工程（电力工程管理方向）、土木工程（工程管理方向）、农村区域发展（农业机械应用与管理方向）、农村区域发展（农业推广与创新管理方向）、会计学、金融学、法学、公共事业管理、工商管理、农林经济管理等
　　2、层次: 专科起点本科、高中起点本科、高中起点专科
网址: http://www.cau-edu.net.cn

北京中医药大学远程教育学院

学院概况: 北京中医药大学 2000 年 7 月被教育部批准开展现代远程教育试点工作，现有校外学习中心 26 个，在校生人数达 1 万人。
专业层次: 1、专业: 中医学、中药学、针灸学、护理学、公共事业管理（卫生事业）、工商管理（药事管理方向）
　　2、层次: 专科起点本科、中专起点本科、中专起点专科
网址: http://www.ibucm.com

北京师范大学继续教育与教师培训学院

学院概况: 北京师范大学 2000 年 7 月被教育部批准开展现代远程教育试点工作，截止到目前，共开设校外学习中心 68 个，在校生 2 万余人，毕业生近 3 万人。
专业层次: 1、专业: 汉语言文学、小学教育、学前教育、教育管理、职业教育（仅专升本）、工商管理、电子商务、现代教育技术、财务会计（仅高起本）、法律、应用心理学（仅专升本）、信息管理（仅专升本）
　　2、层次: 高起本、高起专、专升本
网址: http://www.sne.bnu.edu.cn　　　　http://www.bnude.cn

北京外国语大学网络教育学院

学院概况: 北京外国语大学 2000 年 7 月被教育部批准开展现代远程教育试点工作，坚持贯彻"资源、服务、过程、监控、质量、效益"的十二字办学宗旨，为学生提供"全人"教育，培养学生具备"十大素质"。
专业层次: 1、专业: 英语专业（本科分英语教育、商务英语、英语翻译三个专业方向）
　　2、层次: 高起专、高起本、专升本
网址: http://www.beiwaionline.com

北京语言大学网络教育学院

学院概况: 北京语言大学（简称"北语"）2000年7月被教育部批准开展现代远程教育试点工作，实行学分制管理，弹性学习期限，目前已建立了校外学习中心24个。
专业层次: 1、专业: 对外汉语、英语、日语、韩语、汉语言文学、金融学、会计学、计算机科学与技术、国际经济与贸易、经济管理
　　2、层次: 高中起点专科、高中起点本科、专科起点本科
网址: http://www.eblcu.cn

中国传媒大学远程与继续教育学院

学院概况: 中国传媒大学（原北京广播学院）2000年7月被教育部批准开展现代远程教育试点工作，目前，已建立了32个校外学习中心和1个直属学习中心，有在读学生6000余人，有9000余人顺利毕业。
专业层次: 1、专业: 新闻学、广告学、公共事业管理、广播电视编导（电视编辑方向）、广播电视编导（文艺编导方向）、摄影、广播电视工程、编辑出版学（出版发行方向）、通信工程
　　2、层次: 高中起点专科、高中起点本科、专科起点本科
网址: http://mdedu.cuc.edu.cn

对外经济贸易大学远程教育学院

学院概况: 对外经济贸易大学2002年2月被教育部批准开展现代远程教育试点工作（简称"贸大远程"），目前共建立了80个校外学习中心，在册学员2万人。
专业层次: 1、专业: 国际贸易、金融学、法学、商务英语、会计学、工商管理、行政管理、保险、信息管理与信息系统（计算机应用方向）和行政管理（海关管理方向）
　　2、层次: 高中起点专科、专科起点本科
网址: http://www.euibe.com

中央音乐学院现代远程音乐教育学院

学院概况: 中央音乐学院2002年2月被教育部批准开展现代远程教育试点工作，截止到2008年9月，已有学历毕业生2716人，非学历毕业生300余人。目前有在读学生5481人。
专业层次: 1、专业: 音乐学、音乐教育、艺术管理、钢琴调律等。音乐学专业在香港开设有"音乐学硕士研究生课程进修班"、"音乐学硕士学位班"。在内地开办了"音乐教育硕士研究生课程进修班"、"音乐教育硕士学位班"
　　2、层次: 高中起点专科、高中起点本科、专科起点本科
网址: http://mdmec.ccom.edu.cn

中国石油大学（北京）远程教育学院

学院概况: 中国石油大学2001年1月被教育部批准开展现代远程教育试点工作，中国石油大学（北京）远程教育学院成立于2001年，面向社会自主招生。
专业层次: 1、专业: 计算机科学与技术、会计学、工商管理、化学工程与工艺、石油工程、机械设计制造及其自动化、土木工程、商务英语、安全工程
　　2、层次: 高中起点专科、专科起点本科
网址: http://www.cupde.cn

中国地质大学（北京）网络教育学院

学院概况: 中国地质大学2001年6月被教育部批准开展现代远程教育试点工作，2008年2月，"教育部办公厅关于中国地质大学（北京）独立开展现代远程教育试点工作的批复（教高厅函〔2008〕3号）"文发布后，学校远程教育进入了新的发展阶段。
专业层次: 1、专业: 土地资源管理、土木工程、安全工程、计算机科学与技术、会计学、法学、行政管理、工商管理、电子商务、市场营销等
　　2、层次: 高中起点专科、专科起点本科、高中起点本科
网址: http://www.cugbwy.cn

南开大学现代远程教育学院

学院概况: 南开大学2001年6月被教育部批准开展现代远程教育试点工作。目前，学院设立了20个自建校外学习中心，并与奥鹏远程教育中心合作。
专业层次: 1、专业: 工商管理、人力资源管理、保险、旅游管理、国际经济与贸易、会计学、法学、税务、行政管理、财务管理、保险、法学、国际经济与贸易、财政学、市场营销、广播电视新闻学
　　2、层次: 高中起点专科、高中起点本科、专科起点本科
网址: http://istudy.nankai.edu.cn

天津大学网络教育学院

学院概况: 天津大学2000年7月被教育部批准开展现代远程教育试点工作，截至目前，已建立了35个校外教学中心。
专业层次: 1、专业: 计算机应用与网络技术、机械设计制造及其自动化、工商管理、物流管理、电子商务、财务管理、旅游管理、动画、房地产开发与经营、工程造价管理、土木工程、英语、工业工程、计算机科学与技术、信息管理与信息系统、法学、公共事业管理、汉语言文学
　　2、层次: 专科、本科、专升本
网址: http://www.etju.com

大连理工大学继续教育学院

学院概况: 大连理工大学2002年2月被教育部批准开展现代远程教育试点工作，自建学习中心和与奥鹏公共服务体系合作建立的校外学习中心共300余个，现有在籍学生28000余人。
专业层次: 1、专业: 水利水电工程、电气工程及其自动化、土木工程、土木工程（道桥方向）、网络工程、船舶与海洋工程、机械设计制造及其自动化、工程管理、工商管理
　　2、层次: 专科起点本科、高中起点专科
网址: http://www.edlut.cn

东北大学继续教育学院

学院概况: 东北大学2000年7月被教育部批准开展现代远程教育试点工作，目前已设立了23个校外学习中心。
专业层次: 1、专业: 电子商务、会计学、公共事业管理、行政管理、机械工程及自动化、冶金工程、土木工程、采矿工程、计算机科学与技术、艺术设计
　　2、层次: 高中起点专科、专科起点本科、高中起点本科
网址: http://decweb.neu.edu.cn

中国医科大学网络教育学院

学院概况: 中国医科大学2002年2月被教育部批准开展现代远程教育试点工作，中国医科大学网络教育学院2002年9月开始招生，现有在校生1万多名，已经建立校外学习中心40余个，还与奥鹏远程教育中心合作办学。
专业层次: 1、专业: 护理学、临床药学、口腔工艺技术、卫生事业管理、基础医学、应用心理学
　　2、层次: 中专起点专科、中专起点本科、专科起点本科
网址: http://des.cmu.edu.cn

东北财经大学网络教育学院

学院概况: 东北财经大学2002年2月被教育部批准开展现代远程教育试点工作，东北财经大学网络教育学院成立于2002年7月。学院2005年通过ISO9001质量管理体系认证。
专业层次: 1、专业: 会计学、法学、工程管理、行政管理、财务管理、旅游管理、电子商务、国际经济与贸易、金融学
　　2、层次: 高中起点专科、高中起点本科、专科起点本科
网址: http://www.edufe.com.cn

吉林大学网络教育学院

学院概况: 吉林大学2001年6月被教育部批准开展现代远程教育试点工作,目前已建立了19个校外学习中心,网络教育在籍学生6千余人,毕业生7千余人。
专业层次: 1、专业: 法学、护理学、旅游管理、经济管理、行政管理、计算机科学与技术、计算机软件、机电一体化技术、电子商务、土木工程、公共事业管理(卫生管理)、会计学、金融学
    2、层次: 高中起点专科、专科起点本科
网址: http://dec.jlu.edu.cn

东北师范大学远程与继续教育学院

学院概况: 东北师范大学2003年10月被教育部批准开展现代远程教育试点工作,目前已设立校外学习中心325个,在籍学生26000多人。
专业层次: 1、专业: 汉语言文学、英语、小学教育、数学与应用数学、物理学、化学、法学、教育管理、学前教育、地理科学、历史学、思想政治教育、会计学、计算机科学与技术、经贸俄语
    2、层次: 专科起点本科、高中起点专科、高中起点本科
网址: http://ycjx.nenu.edu.cn

哈尔滨工业大学继续教育学院

学院概况: 哈尔滨工业大学2001年6月被教育部批准开展现代远程教育试点工作,哈尔滨工业大学远程教育学院成立于2000年10月,目前已在全国18个省市设立了40余个远程教育校外学习中心,在校生11000余人,已有毕业生6千余人。
专业层次: 1、专业: 法学、公共管理、管理科学与工程(项目管理方向)、会计学、金融学、工程管理、工商管理、土木工程、工程造价与管理、计算机科学与技术、电气工程及其自动化
    2、层次: 专科起点本科、高中起点本科、高中起点专科
网址: http://www.hagongda.net

东北农业大学网络教育学院

学院概况: 东北农业大学2000年7月被教育部批准开展现代远程教育试点工作,并成立了东北农业大学网络教育学院,学院是学校发展继续教育、远程培训、成人学历教育的重要办学机构。在全国14个省市设有校外学习中心。
专业层次: 1、专业: 计算机科学与技术、农林经济管理、农村管理与发展、法学、动物科学、工商管理、会计学、农学、农业电气化及其自动化、电气工程及其自动化、建筑工程管理、园林、动物医学、汽车检测与维修、土地资源管理、食品科学与工程
    2、层次: 高中起点专科、专科起点本科
网址: http://studyonline.neau.edu.cn

复旦大学网络教育学院

学院概况: 复旦大学2000年7月被教育部批准开展现代远程教育试点工作,截至2008年秋,累计招收本科生21484名,已有10955名学生毕业,在册学生8197名。目前在上海有国权、邯郸、东安3个教学区,在全国设有12个校外学习中心。
专业层次: 1、专业: 计算机科学与技术、国际经济与贸易、金融学、法学、经济学、会计学、新闻学、旅游管理、行政管理、社会工作、英语(商务)、日语(商务)、心理学、广告学、汉语言文学、英语(商务)、日语(商务)、社会学(城市管理)、秘书学
    2、层次: 专科起点本科、高中起点本科、高中起点专科、第二本科
网址: http://dec.fudan.edu.cn

同济大学网络教育学院

学院概况: 同济大学2000年7月被教育部批准开展现代远程教育试点工作。目前在全国15个省市设有33个校外学习中心,在校生人数约20000余名。
专业层次: 1、专业: 建筑学、行政管理、工程管理、物流管理、工商管理、会计学、土木工程、计算机科学与技术、机械设计制造及其自动化、护理学、动画、建筑工程管理、工商企业管理、会计、国际商务、计算机网络技术、建筑工程技术、机电一体化技术、护理、建筑设计技术
    2、层次: 专科起点本科、高中起点专科、高中起点本科
网址: http://www.tjee.cn

上海交通大学继续教育学院

学院概况: 上海交通大学 2000 年 7 月被教育部批准开展现代远程教育试点工作，现有校外学习中心 20 个，在册学生 17000 余名、毕业生 18000 余名。
专业层次: 1、专业: (1) 校本部: 计算机科学与技术、电子信息工程、通信工程、信息管理与信息系统、机械设计制造及自动化、交通运输、船舶与海洋工程、国际经济与贸易、金融学、工商管理、市场营销、人力资源管理、物流管理、会计学、行政管理、工程管理、旅游管理、艺术设计、国际物流、通讯技术、船舶技术、汽车运用技术、英语
(2) 医学网络教育: 公共事业管理、护理学、生物医学工程、药学、检验技术
2、层次: 专科起点本科、高中起点本科、高中起点专科
网址: http://www.onlinesjtu.com   http://www.mechina.org (医学院)

华东理工大学网络教育学院

学院概况: 华东理工大学 2002 年 2 月被教育部批准开展现代远程教育试点工作，设有校外教育中心 49 个，注册在读学生 16000 余名，毕业生累计 16000 余名。
专业层次: 1、专业: 计算机科学与技术、自动化、化学工程与工艺、过程装备与控制工程、机械设计制造及其自动化、信息与计算科学、药学、国际经济与贸易、工商管理、会计学、法学、行政管理、社会工作、计算机技术与应用、市场营销、工程管理、机电一体化、经济信息管理、计算机信息管理、药学、药物制剂、广告设计与制作
2、层次: 大专 (含高职) 起点本科、高中 (含中专、技校、职校) 起点大专
网址: http://www.ecustmde.com

东华大学网络教育学院

学院概况: 东华大学 2001 年 6 月被教育部批准开展现代远程教育试点工作，2001 年 11 月成立网络教育学院。
专业层次: 1、专业: 纺织工程、艺术设计 (服装艺术设计方向、电脑艺术设计方向、装潢艺术设计方向)、计算机科学与技术、物流管理、信息管理与信息系统、国际经济与贸易、法学、行政管理
2、层次: 专科、高中起点本科、专科起点本科
网址: http://nec.dhu.edu.cn

华东师范大学网络教育学院

学院概况: 华东师范大学 2001 年 1 月被教育部批准开展现代远程教育试点工作，成立了华东师范大学网络教育学院，截至 2008 年 12 月，已经毕业人数为 20708 人，学院现有在籍本、专科学员 19800 余人。
专业层次: 1、专业: 教育学 (设有四个专业方向: 小学语文、小学数学、小学体育、学前教育)、会计学、工商管理 (市场营销方向)、行政管理、电子商务、计算机应用、旅游管理、美术 (动漫方向)、学前教育、应用心理学、汉语言文学、数学与应用数学 (数学教育)、英语、计算机科学与技术、化学 (化学教育)、物理学 (物理教育)、体育教育、历史学，生物科学、地理科学、法学、教育技术学、图书馆学、人力资源管理、公共关系与管理、社会工作 (城市管理与服务方向)
2、层次: 高中起点专科、专科起点本科
网址: http://www.dec.ecnu.edu.cn (学历教育)   http://jsjy.dec.ecnu.edu.cn (非学历教育)

上海外国语大学网络教育学院

学院概况: 上海外国语大学 2002 年 2 月被教育部批准开展现代远程教育试点工作，上海外国语大学网络教育学院目前在校学生 1800 多人，分布在上海、浙江 2 个校外教学点。
专业层次: 1、专业: 英语、日语、会计学、国际经济与贸易、法学、德语、法语、金融学
2、层次: 高起专、高起本、专升本
网址: http://v3.sisunet.net

南京大学网络教育学院

学院概况: 南京大学 2002 年 2 月被教育部批准开展现代远程教育试点工作，南京大学网络教育学院成立于 2003 年，现有在籍学生近 6000 人，校外学习中心 35 个。
专业层次: 1、专业: 法学、行政管理、英语 (商务英语)、国际经济与贸易、数字媒体技术、信息管理与信息系统、金融学、保险学、资源环境与城乡规划管理
2、层次: 专科起点本科
网址: http://www.njude.com.cn

东南大学远程教育学院

学院概况：东南大学 2000 年 7 月被教育部批准开展现代远程教育试点工作，目前，东南大学远程教育在全国设立了 30 多个远程教育教学点（中心），已有 15000 多名毕业生，在籍注册学生 8400 多人。

专业层次：1、专业：土木工程、机械设计制造及其自动化、电气工程及其自动化、法学、旅游管理、政治学与行政学、电子商务、会计学、护理学、工程管理、计算机应用技术、建筑工程管理、机械制造与自动化、护理、房地产开发与估价

　　　　2、层次：专升本、高起专

网址：http://netu.seu.edu.cn

江南大学网络教育学院

学院概况：江南大学 2000 年 7 月被教育部批准开展现代远程教育试点工作，截止 2008 年 12 月，网络教育在籍学生 1.8 万多人，设立校外学习中心 40 余个。

专业层次：1、专业：食品质量与安全、法学、行政管理、汉语言文学（新闻传播方向、高级文秘方向、师范方向）、教育学、小学教育、国际经济与贸易、工商管理、会计学、人力资源管理、计算机科学与技术、工程管理、食品科学与工程（焙烤方向、乳制品方向）、法学、小学教育、计算机科学与技术、工程管理（土木工程方向、工程造价）、机械工程及自动化

　　　　2、层次：专科起点本科、高中起点专科

网址：http://www.cmjnu.com.cn

浙江大学继续教育学院

学院概况：浙江大学 1999 年 3 月被教育部批准开展现代远程教育试点工作。自 1998 年开始招生，到目前为止已建立了校外学习中心 160 个，已开设 20 多个本、专科学历教育专业。

专业层次：1、专业：（1）综合类：工商管理、公共事业管理、会计学、金融学、法学、市场营销、汉语言文学（师范方向）、英语（经贸英语）、计算机科学与技术、电气工程及自动化、信息管理与信息系统、电子商务、土木工程（工程管理）、人力资源管理

　　　　（2）医学类：护理学、药学、卫生事业管理

　　　　（3）农业类：会计、畜牧兽医、动物医学

　　　　2、层次：专升本、第二本科、专科、高中起点本科

网址：http://www.scezju.com

中国科学技术大学继续教育学院

学院概况：中国科学技术大学 2002 年 2 月被教育部批准开展现代远程教育试点工作，在全国广泛开展网络学历教育、非学历教育和高端职业培训。

专业层次：1、专业：计算机科学与技术、计算机科学与技术（计算机网络方向）、信息管理与信息系统（电子政务方向）、信息管理与信息系统、工商管理、会计学、经济法、民商法、市场营销、安全技术与管理、烟草科学与工程、机械设计制造及自动化、计算机应用技术、物流管理、国际贸易、会展与广告设计、电脑艺术与设计、电子商务

　　　　2、层次：专科起点本科、高中起点专科、第二本科

网址：http://netedu.ustc.edu.cn

厦门大学继续教育与职业教育学院

学院概况：厦门大学 2001 年 1 月被教育部批准开展现代远程教育试点工作，同年 9 月厦门大学继续教育与职业教育学院首次招收现代远程教育本科生。

专业层次：1、专业：会计学、工商管理、金融学、项目管理、国际经济与贸易、法学

　　　　2、层次：专科起点本科、高中起点本科、高中起点专科

网址：http://nec.xmu.edu.cn

福建师范大学网络教育学院

学院概况：福建师范大学 2001 年 1 月被教育部批准开展现代远程教育试点工作，福建师范大学网络教育学院与奥鹏远程教育公共服务体系合作在全国设立了 200 多个校外学习中心，已培养本专科毕业生 3 万多人，现有在校生 2 万多人。

专业层次：1、专业：小学教育、心理学、学前教育、法学、行政管理、经济学、工商管理、计算机科学与技术、会计学、汉语言文学教育、思想政治教育、英语教育、公共事业管理(教育管理)、历史教育、数学教育、物理教育、化学教育、体育教育、财务管理

　　　　2、层次：高中起点专科、专科起点本科

网址：http://www.fjtu.com.cn

山东大学网络教育学院

学院概况: 山东大学 2000 年 7 月被教育部批准开展现代远程教育试点工作, 现有继续教育、网络教育学生 4 万余人。在全国设立了 48 个校外学习中心。
专业层次: 1、专业: 汉语言文学、文化产业管理、文秘与档案、社会工作、社会工作 (人口与计划生育方向)、劳动与社会保障、英语 (商务英语)、法学、工业工程、旅游管理、工商管理、工商管理 (企业信息化[ERP]方向、质量技术监督管理方向)、人力资源管理、安全工程、市场营销、电子商务、会计学、税务、金融学、国际经济与贸易、计算机信息管理、机械电子工程、计算机科学与技术、计算机软件、计算机软件 (测试方向)、网络工程、土木工程、电气工程及其自动化、自动化、护理学、药学、卫生事业管理、化学工程与工艺、工程管理、文化产业管理、劳动与社会保障、法律事务、会计电算化、市场营销、网络工程、机电一体化、焊接技术及自动化、护理学、药学、卫生事业管理、化学工程与工艺、经济学 (农村经济管理方向)、工商企业管理
    2、层次: 专科起点本科、高中起点专科
网址: http://sv6.wljy.sdu.edu.cn/ce/nes/

中国石油大学 (华东) 远程与继续教育学院

学院概况: 中国石油大学 2001 年 1 月被教育部批准开展现代远程教育试点工作, 目前在石油、石化企业及山东省等地方设有 80 多个校外学习中心和函授站, 网络教育在籍学生 35000 多人。
专业层次: 1、专业: 石油工程 (钻井、采油、油藏、油田化学)、资源勘查工程 (地质、物探、测井)、油气储运工程 (油气储运、城市燃气输配)、化学工程与工艺、电气工程及其自动化、机械设计制造及其自动化、计算机科学与技术、土木工程、安全工程、环境工程、工商管理、会计学、法学、信息管理与信息系统、人力资源管理
    2、层次: 高中起点专科、专科起点本科
网址: http://www.upol.cn

郑州大学远程教育学院

学院概况: 郑州大学 2002 年 2 月被教育部批准开展现代远程教育试点工作, 到目前为止, 郑州大学网络教育学院已建立校外学习中心 40 余个。
专业层次: 1、专业: 护理学、药学、教育学、法律、经济管理、工商管理、旅游管理 (酒店管理费方向)、财务会计、计算机及其应用、工业与民用建筑、计算机网络工程、电气工程、机电一体化、艺术设计 (限郑州市)、法学、汉语言文学、金融学、会计学、英语、信息管理与信息系统、电子商务、计算机科学与技术、电气工程与自动化、土木工程、护理学、基础医学、语文教育、英语教育、思想政治教育、教育管理、小学教育、化学教育、物理教育、数学教育
    2、层次: 高中 (中专) 起点专科、专科起点本科、师范类专科起点本科
网址: http://dls.zzu.edu.cn

武汉大学继续教育学院 (网络教育学院)

学院概况: 武汉大学 2002 年 2 月被教育部批准开展现代远程教育试点工作, 目前已建立 31 个校外学习中心, 在册学生 15000 余人。已培养网络教育毕业生 13000 余人。
专业层次: 1、专业: 新闻学、广告设计与制作、电子商务、信息管理与信息系统、电子与网络出版、工商管理、物流管理、会计学、法学、地理信息系统、电气工程与自动化、环境科学、工程管理、计算机及应用、印刷工程、软件工程、护理学、水利水电工程、卫生事业管理、广告学、电子政务、计算机科学与技术
    2、层次: 高中起点专科、专科起点本科
网址: http://www.whusee.com   http://www.sde.whu.edu.cn

华中科技大学远程与继续教育学院

学院概况: 华中科技大学 2000 年 7 月被教育部批准开展现代远程教育试点工作, 同年成立网络教育学院, 2005 年与成人教育学院合并后, 更名为远程与继续教育学院。
专业层次: 1、专业: 行政管理、经济管理、物流管理、会计学、法学、建筑工程 (土木工程)、机电一体化、计算机科学与技术、模具设计与制造、护理学、药学、机械设计制造及自动化、材料成型及控制工程、土木工程、通信工程、电气工程及自动化、工程管理、国际经济与贸易、新闻学、工商管理、公共事业管理
    2、层次: 专科、专科起点本科
网址: http://www.hust-snde.com

中国地质大学（武汉）远程与继续教育学院

学院概况：中国地质大学2001年6月被教育部批准开展现代远程教育试点工作，2007年7月，组建远程与继续教育学院，统筹管理成人高等教育和继续教育。目前已在全国18个省、市、自治区建立了44个校外学习中心。

专业层次：1、专业：土木工程、公共安全管理、地质调查与找矿、资源勘查工程、水文与水资源工程等

2、层次：高中起点专科、专科起点本科

网址：http://cugnc.cug.edu.cn　　　　　http://www.cugnc.com

武汉理工大学网络教育学院

学院概况：武汉理工大学2001年6月被教育部批准开展现代远程教育试点工作，武汉理工大学网络教育学院目前在全国各地已设46个校外学习中心，在籍学生40000余人，毕业学生34000余人。

专业层次：1、专业：计算机科学与技术、物流管理、工商管理、法学、电子商务、工程管理、土木工程（建工）、会计学

2、层次：高中起点专科、专科起点本科

网址：http://www.einfo.net.cn

华中师范大学网络教育学院

学院概况：华中师范大学2000年7月被教育部批准开展现代远程教育试点工作，目前华中师范大学网络教育学院已设立52个校外学习中心，注册学生43404人，已毕业学生26650人，在读学生16754人。其中，中小学教师占48%。

专业层次：1、专业：汉语言文学、英语、法学、会计学、旅游管理、应用心理学、计算机科学与技术、教育技术学、人力资源管理、电子商务、学前教育、小学教育、教育管理、工商管理、数学与应用数学、社会工作

2、层次：专科起点本科、高中起点专科

网址：http://www.hznu.cn

湖南大学远程与继续教育学院

学院概况：湖南大学1999年3月被教育部批准开展现代远程教育试点工作，目前湖南大学远程与继续教育学院已设立校外学习中心87个，毕业生80000余人。

专业层次：1、专业：计算机科学与技术、财政学、会计学、工商管理、金融学、法学、电子商务、英语、信息管理与信息工程

2、层次：专科起点本科

网址：http://miea.hnu.cn

中南大学网络教育学院

学院概况：中南大学2001年1月被教育部批准开展现代远程教育试点工作，至今中南大学网络教育学院已毕业学生36000人，设立了145个校外学习中心。

专业层次：1、专业：计算机应用、机械电子工程、土木工程、公路工程、铁道交通运输、公路交通运输、铁道机车车辆、铁道车辆、会计学、工商管理、行政管理、法学、电子商务、护理学、计算机科学与技术、机械设计制造及其自动化、土木工程（铁道工程、公路工程、建筑工程三个方向）、汉语言文学、交通运输（铁道运输、公路运输两个方向）

2、层次：高中起点专科、专科起点本科

网址：http://cnecsu.cn（公网）　　　　　http://cne.csu.edu.cn（公网）

http://cned.csu.edu.cn（教科网）　　　　http://58.20.53.40（网通接入的用户）

中山大学高等继续教育学院（网络教育学院）

学院概况：中山大学2000年7月被教育部批准开展现代远程教育试点工作，目前中山大学网络教育学院共设立了46个校外学习中心，截止至2008年11月，在学学生有16261人，已毕业学生7543人。

专业层次：1、专业：汉语言文学、汉语言文学（中文秘书）、汉语言文学（汉语言文学教育）、英语（商务英语）、英语（传媒英语）、英语（英语教育）、法学、金融学、行政管理、行政管理（人力资源管理）、旅游管理、公共事业管理（卫生事业管理）、工商管理、会计学、电子商务、物流管理、计算机科学与技术、公共关系学、药学、护理学、护理学（护理管理）

2、层次：高中起点专科、专科起点本科

网址：http://www.ne.sysu.org.cn（电信公众网）　　　　http://www.ne.sysu.edu.cn（教育网）

华南理工大学网络教育学院

学院概况: 华南理工大学2000年7月被教育部批准开展现代远程教育试点工作，目前华南理工大学网络教育学院已设立校外学习中心28个，有在读学生15000多人，已毕业学生15000多人。
专业层次: 1、专业: 计算机科学与技术、电子商务、工商管理、行政管理、法学、会计学、土木工程、物流工程
　　2、层次: 专科起点本科、高中起点专科、高中起点本科
网址: http://www.scutde.net

华南师范大学网络教育学院

学院概况: 华南师范大学2002年2月被教育部批准开展现代远程教育试点工作，目前，华南师范大学网络教育学院在校注册学生20000余人，校外学习中心100余个，主要分布在广东省和中国西部地区。
专业层次: 1、专业: 汉语言文学（教育）、学前教育、人力资源管理、法学、会计学、计算机科学与技术、行政管理、电工电子、金融学、工商管理、艺术设计（广告策划）、艺术设计（装饰工程管理）、英语（教育）、数学教育、教育管理、音乐教育
　　2、层次: 高中起点专科、专科起点本科、高中起点本科
网址: http://www.gdou.com

四川大学网络教育学院

学院概况: 四川大学2000年7月被教育部批准开展现代远程教育试点工作，目前四川大学网络教育学院在四川、重庆、浙江、广东、福建、广西、江苏、云南、甘肃、贵州、新疆、吉林等20余个省市设有校外学习中心。
专业层次: 1、专业: 法学、工商管理、人力资源管理、市场营销、会计学、行政管理、公共事业管理、国民经济管理、金融学、旅游管理、汉语言文学、护理学、工程管理、工程造价、土木工程、安全工程、化学工程与工艺、电气工程及其自动化、计算机科学与技术、人力资源管理、护理学
　　2、层次: 专科起点本科、高中起点专科、高中起点本科
网址: http://www.scude.cc

西南交通大学网络教育学院

学院概况: 西南交通大学2001年1月被教育部批准开展现代远程教育试点工作，目前西南交通大学网络教育学院已在全国23个省设立了校外学习中心，有在校学生3万余人，毕业生2万余人。
专业层次: 1、专业: 工商管理、会计学、法学、行政管理、电气工程及其自动化、铁道机车车辆、铁道通信信号、工程造价、土木工程（含工民建、道路与桥梁、工程造价方向）、机械工程及自动化、交通运输、物流管理、计算机科学与技术（数字娱乐与动漫游戏方向）、车辆工程
　　2、层次: 高中起点专科、专科起点本科
网址: http://www.xnjd.cn

电子科技大学网络教育学院

学院概况: 电子科技大学（原成都电讯工程学院）2002年2月被教育部批准开展现代远程教育试点工作。
专业层次: 1、专业: 计算机科学与技术、网络工程、通信工程、电子信息工程、软件工程、机械设计制造及自动化、电子商务、行政管理、工商管理、法学、会计学、英语、计算机应用技术、网络技术、通信技术、电子信息工程技术、软件技术、机电一体化技术、计算机信息管理、商务管理、会计电算化、经济管理、物流管理、人力资源管理、电脑艺术设计、机械电子工程
　　2、层次: 高中起点本科、高中起点专科、专科起点本科
网址: http://www.czj.uestc.edu.cn

西南科技大学网络教育学院

学院概况: 西南科技大学2002年2月被教育部批准开展现代远程教育试点工作，西南科技大学网络教育学院目前已建立了若干个服务中心和70多个校外学习中心，有学生3万余人。
专业层次: 1、专业: 经济管理、会计、工商企业管理、建筑工程技术、建筑经济管理、法律事务、行政管理、机电一体化技术、经济信息管理、计算机信息管理、食品药品监督管理、安全技术管理、供用电技术、应用化工技术、物流管理、经济学、会计学、工商管理、计算机科学与技术、土木工程、工程管理、法学、政治学与行政学、英语、数学与应用数学、汉语言文学、农学、机械设计制造及其自动化、公共事业管理、工业工程、信息工程
　　2、层次: 高中起点专科、专科起点本科
网址: http://www.swust.net.cn

四川农业大学远程与继续教育学院

学院概况: 四川农业大学于2002年2月被教育部批准开展现代远程教育试点工作，截至2008年底，四川农业大学网络教育学院在各地设有学习中心50个，已经毕业学生2万5千余人，目前在籍学生1万6千余人。
专业层次: 1、专业: 经济信息管理、工商企业管理、法律事务、农业技术与管理、建筑工程技术、会计与统计核算、机电一体化技术、供用电技术、计算机信息管理、行政管理、园林技术、畜牧兽医、市场营销、农村行政管理、心理咨询、人力资源管理、工商管理、动物科学、计算机科学与技术、经济学、金融学、法学、教育技术学、园林、环境工程、动物科学、汉语言文学、水利水电工程、土木工程
　　2、层次: 高中起点专科、高中起点本科、专科起点本科
网址: http://www.cnzx.info

西南财经大学网络教育学院

学院概况: 西南财经大学2002年2月被教育部批准开展现代远程教育试点工作，西南财经大学网络教育学院与成人教育学院实行一套班子两块牌子，承担成人高等学历教育、非学历教育和现代远程教育试点工作。
专业层次: 1、专业: 金融学（金融监管方向、农村金融方向、货币金融方向）、财政学、会计学、财务管理、保险学、工商管理、市场营销、经济管理、行政管理、人力资源管理、法学（经济法方向）、投资学、国际商务、经济法
　　2、层次: 专科起点本科、高中起点专科
网址: http://www.swufe-online.com

重庆大学网络教育学院

学院概况: 重庆大学2000年7月被教育部批准开展现代远程教育试点工作，目前重庆大学网络教育学院在全国23个省市建有100余个校外学习中心，在读学生3万余人。
专业层次: 1、专业: 土木工程（工业与民用建筑、安装工程）、工程管理（工程建设管理、工程造价管理、房地产经营管理）、机电一体化、经济与工商管理、计算机科学与技术、会计学、市场营销、电力经济、采矿工程、公共事业管理、机械设计制造及其自动化、土木工程（工业与民用建筑、安装工程、道路与桥梁）
　　2、层次: 高中起点专科、专科起点本科
网址: http://www.5any.com

西南大学网络教育学院

学院概况: 西南大学2001年1月被教育部批准开展现代远程教育试点工作，西南大学网络教育学院现已开办了34个专升本专业和24个高起专专业。
专业层次: 1、专业: 数学教育、物理学教育、化学教育、生物学教育、地理学教育、计算机科学教育、心理学、学前教育、小学教育、教育学、思想政治教育、汉语言文学教育、历史学教育、英语教育、美术教育、体育教育、会计学、计算机科学与技术、应用心理学、应用化学、土木工程、公共事业管理、法学、旅游与酒店管理、工商管理、经济管理、市场营销、园林、园艺、土地资源管理、英语、汉语言文学、行政管理、社会工作、房地产经营管理
　　2、层次: 专科起点本科（师范类）、专科起点本科（非师范类）、高中起点专科（师范类）、高中起点专科（非师范类）
网址: http://www.eduwest.com

西安交通大学网络教育学院

学院概况: 西安交通大学2000年7月被教育部批准开展现代远程教育试点工作，西安交通大学网络教育学院目前已在全国24个省、市、自治区正式建立了110多个校外学习中心，其中有55个直属校外学习中心，与北京奥鹏远程教育中心、知金教育等公共服务体系建立了友好合作关系。截至2008年12月，共有在册学生约17400余人。
专业层次: 1、专业: 护理学、工商管理、会计学、金融学、计算机科学与技术、法学、管理科学（项目管理方向）、管理科学（商务管理方向）、电力系统及其自动化、热能与动力工程、经济学（财政金融方向）、土木工程、环境工程
　　2、层次: 高中起点专科、高中起点本科、专科起点本科
网址: http://www.dlc.xjtu.edu.cn　　　　http://www.xjtudlc.cn

西北工业大学网络教育学院

学院概况：西北工业大学2002年2月被教育部批准开展现代远程教育试点工作，目前西北工业大学网络教育学院已建有学习中心93个，在籍学生2万余人。

专业层次：1、专业：计算机科学与技术、机械设计制造及其自动化、土木工程、软件工程、工业工程、工商管理、信息管理与信息系统、会计学、公共事业管理、电子商务、国际经济与贸易、法学、车辆工程、化学工程与工艺

2、层次：高中起点专科、专科起点本科

网址：http://www.nwpunec.net

西安电子科技大学网络与继续教育学院

学院概况：西安电子科技大学2002年2月被教育部批准开展现代远程教育试点工作，目前西安电子科技大学网络教育学院已在全国建立了51个校外学习中心，在读本、专科学生万余人，已毕业学生6000余名。

专业层次：1、专业：信息管理与信息系统、网络工程、电子商务、软件工程、计算机科学与技术、机械设计制造及其自动化、通信工程、电气工程及其自动化、人力资源管理、工商管理、金融学、项目管理、市场营销、会计学

2、层次：专科起点本科、高中起点本科、高中起点专科

网址：http://www.xdwy.com.cn（电信）　　　　http://www.ne.xidian.edu.cn（教育）
　　　　http://www.xdwycnc.com.cn（网通）

陕西师范大学网络教育学院

学院概况：陕西师范大学2002年2月被教育部批准开展现代远程教育试点工作，目前，陕西师范大学网络教育学院在读学生3万余人，其中在职中小学教师约占80%，来自西部的学员占到了约70%。

专业层次：1、专业：汉语言文学、英语、法学、教育学（小学教育方向）、教育学（教育管理方向）、教育技术学、数学与应用数学、计算机科学与技术、公共事业管理、金融学、市场营销、思想政治教育、历史学、物理学、化学、生物科学、地理科学

2、层次：高中起点专科、高中起点本科，专科起点本科

网址：http://www.sne.snnu.edu.cn

兰州大学网络教育学院

学院概况：兰州大学2000年7月被教育部批准开展现代远程教育试点工作，兰州大学网络教育学院于2001年开始招生，至今已设立校外学习中心80余个，已培养毕业生12000余人，目前在校学生14894人。

专业层次：1、专业：行政管理、人力资源管理、工商管理、法学、计算机科学与技术、金融学、会计学、护理学、公共事业管理（卫生）、汉语言文学、大气科学

2、层次：高中起点专科、高中起点本科、专科起点本科

网址：http://www.dec.lzu.cn